Dr. Jochen Zenthöfer

STAATSRECHT 1
Staatsorganisationsrecht

Staatsrecht in wenigen Tagen überblicken ...

... ist das Ziel dieses Grundkurses, der auf aktuellem Stand ist und sich an alle richtet, die konzentriert Vorlesungen und Klausuren vorbereiten müssen.

Im Buch finden sich **zehn** Übungsfälle. Weitere Fälle sind in „Rauda / Zenthöfer: 25 Fälle zum Staatsorganisationsrecht" (7,80 Euro) enthalten. Darüber hinaus können Fälle *gebührenfrei* bezogen werden über unseren Klausurenkurs, der als Internet-Newsletter an Studierende verschickt wird. Und so geht's: Einfach unter

www.rauda-zenthoefer.de

Email-Adresse, Hochschulort und Semesterzahl eingeben (*nicht* erforderlich sind Name oder Adresse) und dann wöchentlich Klausuren und Lösungen im Gutachtenstil empfangen, ausdrucken und lösen. Abgedeckt werden alle drei Rechtsgebiete und das Europarecht.

Als Autor dieses Grundkurses freue ich mich über **jede** Kritik und Anregung, aber auch über Lob. Bitte schreiben Sie mir auch, wenn Ihnen das Jurastudium nicht gefällt – leider gibt es immer wieder mal Tiefphasen, das ist normal, da muss man **durchhalten!** Meine Homepage: www.zenthoefer.de und Email:

jochen@zenthoefer.de

Dank sage ich meinem Vater, der mir von Grundschulzeiten an eine Menge über Politik und Recht erklärt hat.

Viel Erfolg beim Studium!

J.Z.

So urteilt die Presse:
„Knapp und übersichtlich, aber fundiert"
(Frankfurter Allgemeine Sonntagszeitung)

Dr. Jochen Zenthöfer, Assessor, geboren 1977. Studium der Rechtswissenschaften in Bonn, Sydney, Bangkok und Berlin. Staatsexamen mit großem Prädikat. Promotion mit Auszeichnung an der Universität Potsdam zum Staatsrecht. AG-Leiter für die HU Berlin. Als Rechtsreferendar an der DHV Speyer (bester Student von 502 Hörern, WS 2004/05) und der Außenhandelskammer Jakarta tätig. Zweites Staatsexamen. Anschließend zunächst Redenschreiber für einen Ministerpräsidenten, dann Vorstand einer Aktiengesellschaft in Freiburg im Breisgau, inzwischen in Väterzeit in Luxembourg. Freier Mitarbeiter der Frankfurter Allgemeinen Zeitung (FAZ). Email: jochen@zenthoefer.de

Homepage des Autors: **www.zenthoefer.de**
(*mit weiteren Informationen*)

COPYRIGHT: Richter-Verlag
              Hans-Peter Richter
              Paul-Schroeder-Straße 18
              24229 Dänischenhagen
              Tel. 04349-1725
              Fax 04349-571
              E-mail: RICHTER-VERLAG@t-online.de
              Website: www.Richter-Verlag.de

Druck und Verarbeitung: Druckerei Schmidt & Klaunig, Kiel

8. Auflage 2012

ISBN 978-3-935-150-18-7

Inhaltsverzeichnis

1. Kapitel

Einführung

I. Was ist Staat?

Zur Bestimmung was „Staat" ist, sind ganze Bibliotheken vollgeschrieben worden. Grundlegend waren die Arbeiten des Staatsrechtslehrers *Georg Jellinek* zu Beginn des letzten Jahrhunderts. Er begründete die sogenannte **„Drei-Elemente-Lehre"**. Danach konstituieren den Staat folgende drei Elemente:

> **Staatsgebiet, Staatsvolk und Staatsgewalt**

Im Laufe des 20. Jahrhunderts wurde von klugen Juristen ein viertes Element hinzugefügt: Die völkerrechtliche Vertretung nach außen.

Das **Staatsgebiet** ist ein abgegrenzter Teil der Erdoberfläche als ausschließlicher Herrschaftsbereich. Für die Bundesrepublik Deutschland sind dies die in der Präambel des Grundgesetzes genannten Länder.

Unter einem **Staatsvolk** versteht man gemeinhin einen sesshaften und auf Dauer angelegten Personenverband. Heutzutage verbindet diese Personen die gleiche Staatsbürgerschaft. Wer deutscher Staatsbürger ist, definiert das Grundgesetz in Art. 116.

Die **Staatsgewalt** zeichnet sich durch eine organisierte Herrschaft auf Dauer aus. In manchen Ländern ist der Träger dieser Herrschaft ein Diktator. Deutschland dagegen verteilt die Staatsgewalt auf mehrere Schultern. Es existieren die

> - gesetzgebende Gewalt (die Legislative),
> - die ausführende Gewalt (die Exekutive)
> - und die rechtsprechende Gewalt (die Judikative).

Vorteil dieses Systems ist die gegenseitige Kontrolle. Die beiden Diktaturen auf deutschem Boden im 20. Jahrhundert haben gezeigt, dass Systeme ohne Kontrolle ihre Macht missbrauchen. Dabei wurden viele Menschen verfolgt, gefoltert und getötet.

Um dies zu verhindern, hat sich Deutschland **1990** eine demokratische Verfassung gegeben. Diese Verfassung heißt **Grundgesetz** und wird „GG" abgekürzt. Das GG galt bereits von 1949-1989 in den westlichen Bundesländern, im Saarland gilt es seit 1957.

Zuletzt muss sich ein Land auch **völkerrechtlich nach außen vertreten** können. Dies ist eine Folge der Globalisierung. Kein Staat kann sich mehr den internationalen Bestimmungen zu Menschenrechten, Umweltschutz oder fairem Wirtschaftshandel entziehen.

Über die eingangs gestellte Frage „Was ist Staat?" wird aber immer noch heftig diskutiert. In vielen Universitäten gibt es eine eigene Veranstaltung zu diesem Thema, die „**Allgemeine Staatslehre**". Dies ist keine rein juristische Vorlesung. Die Staatslehre ist vielmehr ein interdisziplinäres Fach aus Philosophie, Geschichte, Soziologie, Ökonomie, Politik und – na klar – der Juristerei. In der heutigen Zeit wird unter anderem diskutiert, ob das zusammenwachsende Europa ein Staatenbund oder ein Bundesstaat ist. Diese Fragen sind sehr spannend. Leider können wir sie hier nicht behandeln. Wer eine präzise Einführung in das Thema wünscht, sollte im „**Staatslexikon**" nachlesen (es ist in jeder juristischen Bibliothek zu finden). Im fünften Band finden sich einige Seiten über das **Stichwort „Staat"** - aus der Feder von *Josef Isensee*, einem der renommiertesten Staatsrechtslehrer unserer Zeit.

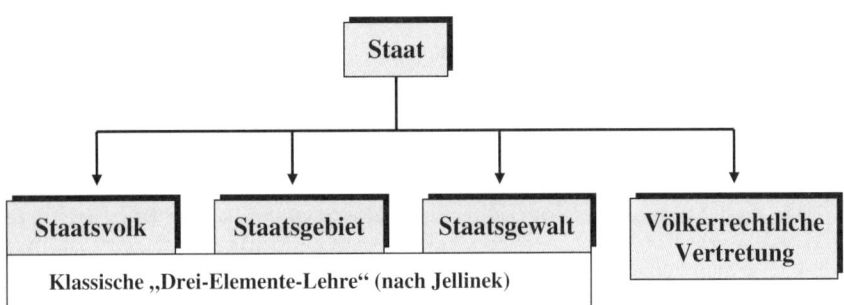

II. Was ist „Staatsrecht"?

Staatsrecht sind alle Rechtsnormen, die **Grundlagen und Struktur des Staates** beschreiben. Die wichtigsten Rechtsnormen sind im GG zusammengefasst. Daneben gelten aber auch weitere Gesetze, wie das Bundesverfassungsgerichtsgesetz (BVerfGG), das Parteiengesetz (ParteiG) oder die Geschäftsordnung des Bundestages (GOBT). Ein Überblick findet sich im letzten Kapitel.

> Die Universitäten bieten meist **drei Vorlesungen** zum Staatsrecht an. Die erste beinhaltet das Staatsorganisationsrecht, die zweite die Grundrechte und die dritte die Bezüge des GG zum Europa- und Völkerrecht (Achtung: abweichende Gliederung an den Universitäten Bochum, Freiburg, Gießen und Trier üblich!). Folglich heißen die Vorlesungen meist auch Staatsrecht I – III. Einige Lehrbücher haben diese Bezeichnung für ihre Titel übernommen.

Das **„Staatsorganisationsrecht"** gestaltet die gegenseitige Kontrolle von Verfassungsorganen aus. Geregelt ist das in den Artikeln 20 – 146 und in Nebengesetzen. Eine ganze Menge von Stoff also. Diese Menge hat aber auch einen Sinn.

Damit eine Demokratie funktioniert, muss die gegenseitige Kontrolle von Gewalten und Staatsorganen genau normiert sein. **Einen einzigen Verfassungsartikel braucht es nur in der Diktatur.** Dort heißt es dann: „Alle Macht liegt beim Führer". Die schlimmen Erfahrungen mit diesem Staatsmodell berechtigen wohl eine etwas umfangreichere Ausgestaltung im Grundgesetz. Davon handelt dieses Skript.

Die Vorlesung **„Grundrechte"** umfasst die Artikel 1 – 19 GG[1]. Sie sind das Sahnehäubchen unserer gesamten Rechtsordnung, d.h. die wichtigsten Rechtsnormen in Deutschland. Weil sie so wichtig sind, erhalten sie in den Universitäten eine eigene Vorlesung und bei uns ein eigenes Skript.

Die **Bezüge des GG zum Europa- und Völkerrecht** sind Inhalt der Vorlesung „Staatsrecht III". Hier geht es vor allem um die Artikel 1 II, 23, 24, 25, 26, 32, 45 und 59. Diese Gebiete wurden in den letzten Jahren immer wichtiger und sind heute klausur- und examensrelevant. Deshalb geben das 5. und 6. Kapitel dieses Skripts auch hierin einen Überblick.

Im Staatsrecht ist die **Rechtsprechung des Bundesverfassungsgerichts** (BVerfG) von zentraler Bedeutung. Dies liegt daran, dass das BVerfG das **Auslegungsmonopol für Verfassungsnormen** besitzt. Die Auslegung durch das BVerfG bindet alle anderen Gerichte in Deutschland. Das BVerfG kann sogar Gesetze des Bundestages für nichtig erklären.

Deswegen lohnt es sich, die wichtigsten Entscheidungen zu lesen. Die Bundesverfassungsrichter geben selbst eine offizielle Entscheidungssammlung heraus, die sogenannte **„Amtliche Sammlung"** (BVerfGE). Diese Sammlung umfasst inzwischen – Stand: 2012 – mehr als 127 Bände.

---

[1] Alle in diesem Buch zitierten Artikel sind solche des GG (Grundgesetzes).

Weil man die nicht alle lesen kann, empfiehlt es sich, auf zusammenfassende Literatur zurückzugreifen.

 z.b. Menzel, Jörg, Verfassungsrechtsprechung: Hundert Entscheidungen des BVerfG in Retrospektive.

Ein pfiffiges Buch mit einer relativ kurzen und klaren Zusammenfassung der 100 wichtigsten Entscheidungen des BVerfG bis zum Jahr 2000.

Besonders wichtige Entscheidungen sollten jedoch unbedingt "im Original" gelesen werden.

Hinweis:

Die Zitierweise von *Senats*-Entscheidungen lautet z.b. BVerfGE 44, 125.

BVerfG = Bundesverfassungsgericht

E = Entscheidung (BVerfGE = Entscheidung des Bundesverfassungsgerichts)

Erste Zahl, hier 44 = Band, hier Band 44

Zweite Zahl, hier 125 = Seite, hier Seite 125

In der Bibliothek stehen alle Bände nebeneinander. Auf dem Buchrücken ist die Bandnummer vermerkt. So findet man schnell den gewünschten Band.

Mit BVerfGK ist die Amtliche Sammlung der Entscheidungen der *Kammern* des BVerfG gemeint.

Die Entscheidungen des BVerfG, die **vor** der Konstituierung und Souveränität Deutschlands **1990** für die westlichen Bundesländer gefällt wurden, **gelten weiter**. In der DDR gab es kein Verfassungsgericht. Verfassungsstreitigkeiten zwischen Staatsorganen konnten nicht auftauchen, da die Macht nicht verteilt, sondern konzentriert war. Das ist das Wesen einer Diktatur (vgl.: Gursky, André: „Geheimakte „Klee". Wie die Stasi Rechtsphilosophie und Rechtspolitik in Ost und West beeinflusste", Zeitschrift des Forschungsverbundes SED-Staat, 27/2010, 60ff.).

Das deutsche Recht zu Beginn des 21. Jahrhunderts

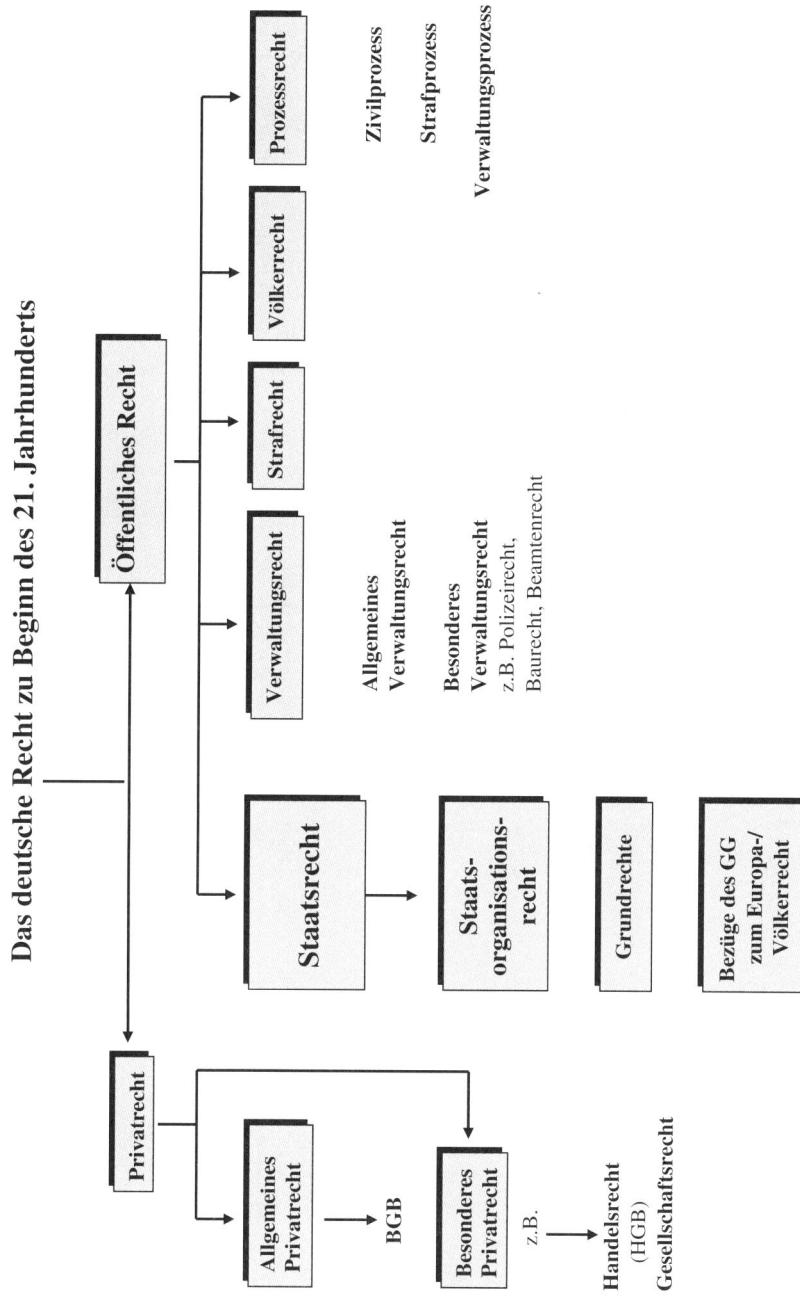

Öffentliches Recht

Staatsrecht
→ **Staatsorganisations-recht**
Grundrechte
Bezüge des GG zum Europa-/Völkerrecht

Verwaltungsrecht
Allgemeines Verwaltungsrecht
Besonderes Verwaltungsrecht z.B. Polizeirecht, Baurecht, Beamtenrecht

Strafrecht

Völkerrecht

Prozessrecht
Zivilprozess
Strafprozess
Verwaltungsprozess

Privatrecht
→ **Allgemeines Privatrecht**
BGB
→ **Besonderes Privatrecht** z.B.
Handelsrecht (HGB)
Gesellschaftsrecht

Grundfragen des Staatsrechts

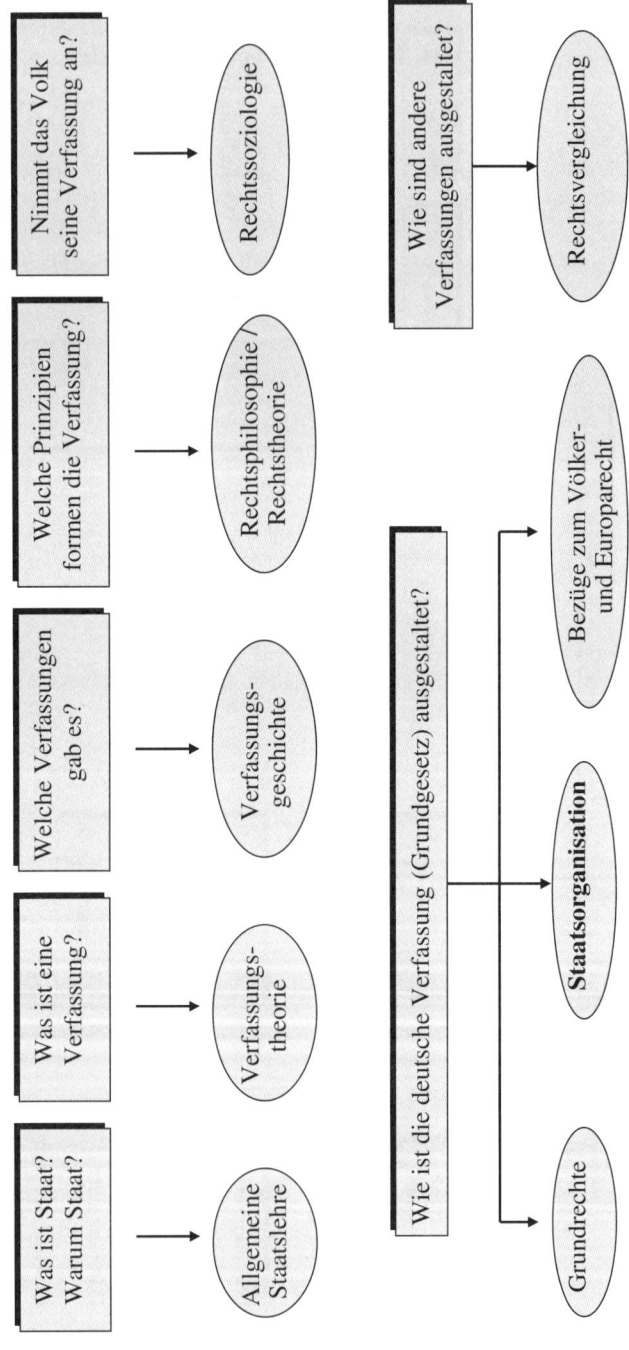

Nimmt das Volk seine Verfassung an? → Rechtssoziologie

Welche Prinzipien formen die Verfassung? → Rechtsphilosophie / Rechtstheorie

Welche Verfassungen gab es? → Verfassungsgeschichte

Was ist eine Verfassung? → Verfassungstheorie

Was ist Staat? Warum Staat? → Allgemeine Staatslehre

Wie sind andere Verfassungen ausgestaltet? → Rechtsvergleichung

Wie ist die deutsche Verfassung (Grundgesetz) ausgestaltet?
→ Bezüge zum Völker- und Europarecht
→ **Staatsorganisation**
→ Grundrechte

III. Das Staatsrecht der Länder

Nicht nur der Bund, auch die 16 Bundesländer haben sich Verfassungen gegeben. Im Laufe des Studiums lohnt sich der Blick in die Verfassung desjenigen Landes, in dem man studiert. Die **Landesverfassungen** regeln die Struktur der Landesorgane (z.B. Landtag, Landesregierung).

> In den Stadtstaaten Berlin, Hamburg und Bremen tragen die Verfassungsorgane andere Namen. So gibt es in Berlin keinen „Ministerpräsidenten", sondern einen „Regierenden Bürgermeister", in Hamburg einen „Ersten Bürgermeister" und in Bremen einen „Präsidenten des Senats".

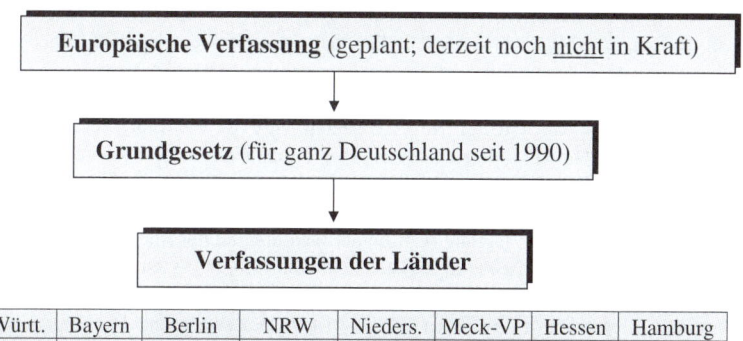

Europäische Verfassung (geplant; derzeit noch <u>nicht</u> in Kraft)

↓

Grundgesetz (für ganz Deutschland seit 1990)

↓

Verfassungen der Länder

Ba-Württ.	Bayern	Berlin	NRW	Nieders.	Meck-VP	Hessen	Hamburg
Thüringen	Bremen	Rh.-Pfalz	Saarland	S.-Anhalt	S.-Holst.	Sachsen	Brandenb.

Die 16 Bundesländer bilden den Bundesstaat „Bundesrepublik Deutschland". Zwischen den Ländern und dem Bund kommt es häufig zu **Kompetenzstreitigkeiten** (Wer darf ein Gesetz erlassen? Wer darf staatliche Befugnisse ausüben?). Grundsätzlich sollen die Länder entscheiden (**Art. 30**, 70ff.). Aber: In der Praxis erlässt der Bund die meisten Gesetze. So sind z.B. BGB, StGB und Parteiengesetz vom Bundestag beschlossen worden. Folglich lehren alle Universitäten in Deutschland das gleiche Bürgerliche Recht, Strafrecht usw.

Das Recht der Länder unterscheidet sich vor allem im **Verwaltungsrecht**. Dieses entscheidet z.B. über die Organisation von Polizei und Schulen und das Ladenschlussrecht.

> An der Universität wird das Verwaltungsrecht des jeweiligen Landes gelehrt. Will man nach dem Staatsexamen also in einem anderen Bundesland arbeiten, muss man „umlernen". Aber keine Bange: Das Rad ist nicht 16 mal neu erfunden worden. Die Verwaltungsgesetzgebung ähnelt sich und die Strukturen sind überall gleich.

Zuletzt besitzen die Länder auch eigene Verfassungsgerichte. Ausdrücklich als **Verfassungsgericht** werden die Gerichte in Brandenburg und Hamburg bezeichnet, als Landesverfassungsgericht in Mecklenburg-Vorpommern, Schleswig-Holstein und Sachsen-Anhalt. In einigen Ländern heißen sie auch **Verfassungsgerichtshof** (Bayern, Berlin, NRW, Rheinland-Pfalz, Saarland, Sachsen, Thüringen).

Als **Staatsgerichtshof** hingegen werden Gerichte bezeichnet, deren Zuständigkeit sich auf staatsorganisatorische Streitigkeiten beschränkt (Baden-Württemberg, Bremen, Hessen, Niedersachen).

Auf **europäischer Ebene** existieren zwei supranationale Gerichte, die nationale Gesetze auf die Übereinstimmung mit europäischem Recht prüfen können. Ihre Entscheide beruhen **nicht** auf einem Verfassungsdokument, sondern auf **Staatsvertragsrecht**. In diesem Sinne kann gesagt werden, dass diese Gerichte für die jeweiligen Vertragsstaaten die **europäische Verfassungsgerichtsbarkeit** ausüben.

1. Der **Europäische Gerichtshof** ist das oberste Recht sprechende Organ der Europäischen Gemeinschaften. Es prüft Akte der EU-Mitgliedstaaten und der Gemeinschaftsorgane auf ihre Übereinstimmung mit den Gründungsverträgen der Gemeinschaften.

2. Der **Europäische Gerichtshof für Menschenrechte** ist ein durch die Europäische Menschenrechtskonvention (EMRK) eingerichteter Gerichtshof, der die Rechtsprechung der Gerichte der Vertragsstaaten auf ihre Übereinstimmung mit der EMRK prüft.

Die Verfassung eines Staates legt **die rechtlichen Grundlagen des Staates** fest. Sie schreibt zum Beispiel vor, welche Regierungs- und Verwaltungsform der Staat hat. In manchen Staaten ist die Verfassung ein schriftliches Dokument, in anderen, zum Beispiel in Großbritannien, besteht sie aus einer Reihe historisch gewachsener Gesetzestexte, die zusammen die derzeitige Verfassung darstellen, aber gleichzeitig den nichtstatischen Charakter der Verfassung betonen.

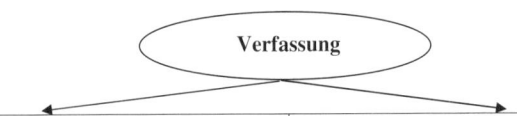

Verfassung	
Rechtsdogmatisch handelt es sich bei dem, was heute üblicherweise unter „Verfassung" verstanden wird, um eine **Verfassung im formellen Sinn**, das heißt eine Verfassung in Gesetzesform. Eine Verfassung im formellen Sinn ist eine zivilisatorische Errungenschaft, die die grundlegenden Rechte und Pflichten im Gemeinwesen mit Rechtssicherheit regelt.	Demgegenüber beschreibt der Terminus **Verfassung im materiellen Sinn** schlicht all jene Rechtsnormen, die Aufbau und Tätigkeit des Gemeinwesens regeln, unabhängig davon, ob sie in Gesetzesform positiviert sind (beispielsweise wenn die Ältesten eines Stammes einen Beschluss fällen). Eine Verfassung im materiellen Sinn besteht somit in jeder – wenn auch „primitiver" – Form des menschlichen Zusammenlebens.

Am 3. Mai 1791 war die erste Verfassung in Europa verabschiedet worden (die zweite auf der Welt nach den Vereinigten Staaten), und zwar in Polen.

IV. Die Verfassung Europas

Die in der **Europäischen Union (EU)** zusammengewachsenen Staaten bilden eine wirtschaftliche, kulturelle und politische Gemeinschaft. Der **Binnenmarkt** garantiert den freien Austausch von Personen, Waren und Dienstleistungen.

Alle fünf Jahre finden Wahlen zum Europäischen Parlament statt. Auch die **Rechtsangleichung** schreitet voran. So erlässt die EU-Kommission Verordnungen, die in allen Mitgliedstaaten gelten. Es werden auch Richtlinien erlassen.

Zur Reform der Europäischen Union beauftragten die Regierungschefs der EU-Mitgliedsstaaten im Dezember 2001 einen **Konvent** aus Parlamentariern und Regierungsvertretern mit der Ausarbeitung eines neuen Europavertrages. Dieser „**Entwurf eines Vertrages über eine Europäische Verfassung**" (so der offizielle Titel) wurde 2004 feierlich in Rom unterzeichnet. Er sollte ursprünglich 2006 in Kraft treten. Bevor ein Verfassungsvertrag in Kraft treten kann, muss dieser jedoch in allen 27 Mitgliedsstaaten, teils durch eine Volksabstimmung, ratifiziert werden. Dieser Prozess wurde durch die **Ablehnung** der EU-Verfassung bei Volksabstimmungen in den Niederlanden und in Frankreich 2005 beendet. Stattdessen schlossen im Juni 2007 die europäischen Staats- und Regierungschefs den **Vertrag von Lissabon** ab.

Lediglich in wenigen Punkten weicht der Vertrag von Lissabon auch inhaltlich vom Entwurf des Verfassungsvertrags ab. Auffälligste Veränderung ist die Streichung des Begriffs „Verfassung". **Anders als in der Verfassung wird der Text der Grundrechtecharta nicht im Vertrag enthalten sein.** Durch einen Verweis in Art. 6 Abs. 1 EUV wird sie aber für **rechtsverbindlich** erklärt. Allerdings haben sich Großbritannien und Polen eine Ausnahme ausgehandelt, sodass die Grundrechtecharta vor britischen und polnischen Gerichten keinen Rechtsschutz gewähren wird.

Auszüge:

Charta der Grundrechte der Europäischen Union

Präambel

„Die Völker Europas sind entschlossen, auf der Grundlage gemeinsamer Werte eine friedliche Zukunft zu teilen, indem sie sich zu einer engeren Union verbinden.
In dem Bewusstsein ihres geistig-religiösen und sittlichen Erbes gründet sich die Union auf die unteilbaren und universellen Werte der Würde des Menschen, der Freiheit, der Gleichheit und der Solidarität. Sie beruht auf den Grundsätzen der Demokratie und der Rechtsstaatlichkeit. Sie stellt die Person in den Mittelpunkt ihres Handelns, indem sie die Unionsbürgerschaft und einen Raum der Freiheit, der Sicherheit und des Rechts begründet.
[...]

Art. 1
Die Würde des Menschen ist unantastbar. Sie ist zu achten und zu schützen.

Art. 2

(1) Jede Person hat das Recht auf Leben.

(2) Niemand darf zur Todesstrafe verurteilt oder hingerichtet werden.

Art. 3

(1) Jede Person hat das Recht auf körperliche und geistige Unversehrtheit.

(2) Im Rahmen der Medizin und der Biologie muss insbesondere Folgendes beachtet werden:
- die freie Einwilligung der betroffenen Person nach vorheriger Aufklärung entsprechend den gesetzlich festgelegten Modalitäten,
- das Verbot eugenischer Praktiken, insbesondere derjenigen, welche die Selektion von Personen zum Ziel haben;
- das Verbot, den menschlichen Körper und Teile davon als solche zur Erzielung von Gewinnen zu nutzen;
- das Verbot des reproduktiven Klonens von Menschen."

Seit der Verkündung der Charta haben sich eine Reihe von Generalanwälten vor dem Europäischen Gerichtshof auf sie berufen. Obwohl die Charta formell nicht rechtsverbindlich ist – was die Generalanwälte ausdrücklich hervorheben – verwenden sie sie als neue privilegierte Rechtserkenntnisquelle. Die einzelnen Kapitel der Charta:

Kapitel I: Würde des Menschen	Kapitel II: Freiheiten	Kapitel III: Gleichheit	Kapitel IV: Solidarität	Kapitel V: Bürgerrechte	Kapitel VI: Justizielle Rechte
Kapitel VII: Allgemeine Bestimmungen					

Wiederholungsfragen zum 1. Kapitel (I-IV)

1. Welches sind die drei Elemente, die nach Jellinek den Staat konstituieren?

   Staatsgebiet, Staatsvolk, Staatsgewalt.

2. Wie heißt die Verfassung der Bundesrepublik Deutschland und seit wann gilt sie?

   Grundgesetz (GG); seit 1990, in den westlichen Bundesländern bereits seit 1949, im Saarland seit 1957.

3. In welche beiden großen Abschnitte teilt man die Verfassung ein?

   Grundrechte: Artikel 1-19 (+ 33, 38, 101, 103, 104 = *grundrechtsgleiche Rechte*), Staatsorganisation: Artikel 20-146.

4. Welches Gericht entscheidet über die Auslegung der deutschen Verfassung?

   Das Bundesverfassungsgericht (BVerfG) in Karlsruhe.

5. Welches Land hatte die erste Verfassung in Europa?

   Polen (seit 1791).

V. Funktion und Auslegung der Verfassung

Die Verfassung ist die rechtliche Grundordnung des Gemeinwesens. Das Grundgesetz enthält also die **Leitprinzipien** und die Verfahren, mit denen Konflikte innerhalb der Gesellschaft gelöst werden. Ziel ist es, den Individuen größtmögliche Freiheit zu geben, ihnen gleichzeitig aber auch Schutz zu gewähren.

Neben der **geschriebenen Verfassung** (= die Urkunde = der Text im Gesetzbuch) gibt es auch ungeschriebenes Verfassungsrecht. Dazu gehört vor allem die **Auslegung** der einzelnen Artikel durch das Bundesverfassungsgericht (BVerfG).

Warum müssen die Artikel ausgelegt werden? Das Grundgesetz regelt nicht alle Einzelheiten. Vielmehr muss es sich ständig an geänderte Verhältnisse anpassen. Dadurch bleibt die Verfassung offen und flexibel.

> **Beispiel:** Die Väter und Mütter des Grundgesetzes kannten das Problem des Datenschutzes nicht (1949 gab es noch keine Speichermedien). Deshalb wurde kein eigenes Grundrecht dafür geschaffen. Aufgrund geänderter Bedingungen interpretierte das BVerfG später im „Volkszählungs-Urteil" (E 65, 1) ein „Recht auf informationelle Selbstbestimmung" in Art. 2 I. Seither existiert das ungeschriebene Grundrecht, „selbst zu entscheiden, wann und innerhalb welcher Grenzen persönliche Lebenssachverhalte offenbart werden".

Auslegungsziel ist der objektivierte Wille des Gesetzgebers. Um diesen Willen zu erforschen, existieren anerkannte Auslegungskriterien:

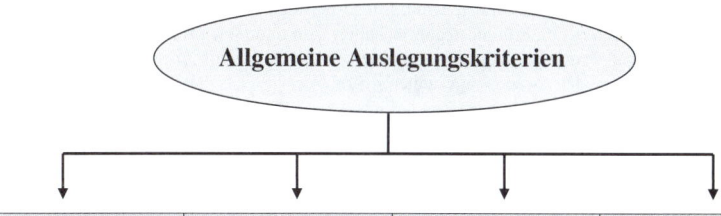

Grammatische Auslegung	Systematische Auslegung	Historische Auslegung	Teleologische Auslegung
Der Wortlaut ist Ausgangspunkt jeder Auslegung. Es darf keine Auslegung gegen den Wortlaut geben.	Hier ist der Zusammenhang gemeint, in der die Norm steht (= die Stellung im Gesamtgefüge).	Auch das geschichtliche und rechtliche Umfeld, in der die Norm entstanden ist, ist zu beachten.	Entscheidend ist jedoch die Auslegung nach dem Normzweck. Welches Ziel hat der Artikel?

Neben diesen allgemeinen Kriterien für alle Normen sind bei der Verfassungsauslegung noch besondere Kriterien zu beachten. Auch diese Kriterien wurden vom BVerfG entwickelt.

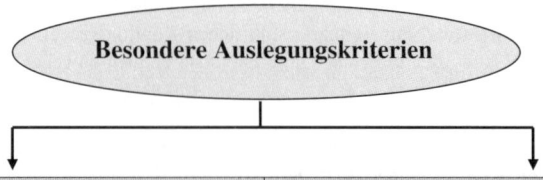

Einheit der Verfassung	Praktische Konkordanz
Die einzelnen Normen dürfen nicht so ausgelegt werden, dass sie sich in Widerspruch zueinander befinden.	Wenn Rechtsgüter kollidieren (z.B. Kunstfreiheit des Graffiti-Sprühers und Eigentumsrecht des Hausbesitzers) muss eine Gesamtabwägung stattfinden. Diese Abwägung hat den Grundsatz der Verhältnismäßigkeit zu wahren (= Prinzip der praktischen Konkordanz). Da dieser Fall bei den Grundrechten auftritt, wird er im Band 19 der „Juristischen Grundkurse" (Staatsrecht II) näher behandelt.

Hinweis:

Im Laufe des Studiums wird klar, was konkret mit „Auslegung der Verfassung" gemeint ist. Wichtig ist zu Beginn, davon einmal gehört zu haben und diesen Abschnitt später erneut zu lesen. Im Rahmen der Erläuterungen zum Bundespräsidenten (3. Kapitel, IV. Abschnitt) wird die Frage des materiellen Prüfungsrechts diskutiert. Auf drei Seiten findet sich eine ausgiebige Abwägung mit Pro- und Contra-Argumenten. Gestritten wird über die Auslegung der Verfassung – nach den soeben vorgestellten Kriterien.

Beachte den Unterschied:

„Auslegung der Verfassung"	„Verfassungskonforme Auslegung"
Die Frage, wie das Grundgesetz ausgelegt wird (oben erläutert).	Die völlig andere Frage, wie einfache Gesetze (z.B. BGB) so ausgelegt werden, dass sie nicht gegen das Grundgesetz verstoßen (= verfassungskonform sind).

2. Kapitel

Die Staatsstrukturprinzipien

Die Staatsstrukturprinzipien bilden die Grundlage der Verfassung. Diese Prinzipien sind: Republik, Demokratie, Rechtsstaat, Sozialstaat, Bundesstaat. Sie gestalten das Gemeinwesen „von Grund auf", sind also **Grundnormen**. Ihre Funktion ist es, politische und kulturelle Überzeugungen in einem Strukturplan des Gemeinwesens rechtlich zu verankern.

Diese Grundnormen sind abzugrenzen von anderen Verfassungssätzen. Übersicht:

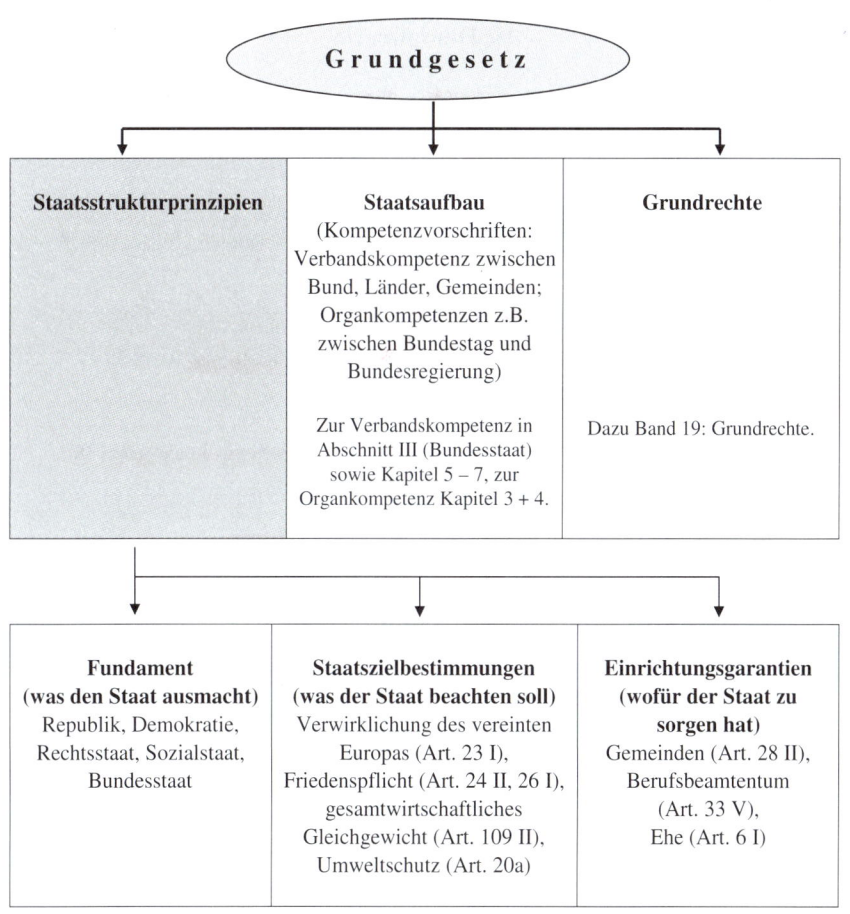

Grundgesetz

Staatsstrukturprinzipien	**Staatsaufbau** (Kompetenzvorschriften: Verbandskompetenz zwischen Bund, Länder, Gemeinden; Organkompetenzen z.B. zwischen Bundestag und Bundesregierung)	**Grundrechte**
	Zur Verbandskompetenz in Abschnitt III (Bundesstaat) sowie Kapitel 5 – 7, zur Organkompetenz Kapitel 3 + 4.	Dazu Band 19: Grundrechte.

Fundament (was den Staat ausmacht) Republik, Demokratie, Rechtsstaat, Sozialstaat, Bundesstaat	**Staatszielbestimmungen** (was der Staat beachten soll) Verwirklichung des vereinten Europas (Art. 23 I), Friedenspflicht (Art. 24 II, 26 I), gesamtwirtschaftliches Gleichgewicht (Art. 109 II), Umweltschutz (Art. 20a)	**Einrichtungsgarantien** (wofür der Staat zu sorgen hat) Gemeinden (Art. 28 II), Berufsbeamtentum (Art. 33 V), Ehe (Art. 6 I)

Republikprinzip = keine Monarchie

I. Republik

Das Staatsstrukturprinzip „Republik" (Art. 20 I) meint zuerst, dass **keine Monarchie** existiert. Im weiteren Sinne umfasst es all jenes, was sonst nur umständlich als „freiheitlich demokratische Grundordnung" angesprochen wird. Die Republik gründet sich nach *Josef Isensee* „auf den Gemeinsinn freier Bürger, die dem Wohl der Allgemeinheit dienen".

Das Republikprinzip legitimiert auch das Organ des **Bundespräsidenten** in Art. 54 I (= Wahl des Staatsoberhaupts auf begrenzte Zeit). In einer Monarchie gibt es keinen Präsidenten, sondern einen König (= Erbfolge des Königshauses auf unbegrenzte Zeit).

II. Demokratie

Demokratie bedeutet Herrschaft des Volkes. Die Bundesrepublik ist eine **parlamentarische Demokratie** (Art. 20 II 1, 28 I 1), deren Detailregelungen über das GG verstreut sind. Der Grundsatz, dass „alle Staatsgewalt vom Volke ausgeht" ist dank der Ewigkeitsklausel in Art. 79 III unabänderlich.

Das GG hat einige konzeptionelle Entscheidungen zur konkreten Ausgestaltung der Demokratie getroffen:

Egalitäre Demokratie

Jeder Staatsbürger hat die gleichen Rechte – „one man – one vote" (Art. 38).

Repräsentative Demokratie

Das Volk wählt Repräsentanten (Abgeordnete), keine „Macht der Straße" (Art. 38).

Freie Demokratie

Die Abgeordneten besitzen ein freies Mandat, sie vertreten das ganze Volk, nicht nur eine Gruppe, deren Befehlen sie sich zu beugen haben (imperatives Mandat); Art. 38.

Pluralistische Demokratie

Vielfältige weltanschauliche, politische, kulturelle und soziale Interessen wirken nebeneinander (Art. 20 I); keine Einheitsdemokratie wie in der DDR.

Materiell – wertgebundene Demokratie

Achtung der Menschen- und Minderheitenrechte, von denen die wichtigsten unabänderlich sind (Art. 1 i.V.m. 79 III).

Parteiendemokratie

Parteien wirken an der politischen Willensbildung des Volkes mit (Art. 21).

1. Wahlrecht

a) Wahlrechtsgrundsätze

Die Wahlen sind laut Art. 38 I 1 „allgemein, unmittelbar, frei, gleich und geheim".

Allgemeinheit der Wahl

Wahlberechtigt sind alle Staatsbürger, die seit mindestens drei Monaten in der Bundesrepublik leben, mindestens 18 Jahre alt und nicht nach § 13 Bundeswahlgesetz (BWG) vom Wahlrecht ausgeschlossen sind (Ausschluss durch Richterspruch oder aufgrund einer psychiatrischen Krankenhausbehandlung). In einigen Bundesländern beträgt das Wahlalter bei Kommunalwahlen 16 Jahre (z.B. Mecklenburg-Vorpommern). An Kommunalwahlen dürfen auch EU-Bürger teilnehmen.

Unmittelbarkeit der Wahl

Die Abgeordneten werden durch die Stimmabgabe der Wahlberechtigten bestimmt. Es existiert kein zwischengeschaltetes Gremium („Wahlmänner"), welches die Abgeordneten wählen würde (= mittelbare Wahl).

Geheimheit der Wahl

Die Wahl muss in der Wahlkabine erfolgen (Ausnahme: Briefwahl). Ein freiwilliger Verzicht ist nicht statthaft, da derartige Handlungen dazu führen könnten, andere ebenso zur offenen Stimmabgabe zu nötigen.

Freiheit der Wahl

Die Wahl muss frei sein vor unzulässiger Einflussnahme auf den Wähler. Während der Stimmabgabe darf nicht genötigt oder getäuscht werden. Im Wahllokal ist Wahlwerbung unzulässig.

Gleichheit der Wahl

Jede Stimme hat den gleichen Zählwert (sie wird einmal gezählt). Der Erfolgswert kann jedoch unterschiedlich sein. So erlangen bei der Mehrheitswahl die für den unterlegenen Kandidaten abgegebenen Stimmen keine Bedeutung. Ebenso fehlt den Stimmen, die für Parteien abgegeben werden, die unter 5 % liegen, der Erfolgswert.

Öffentlichkeit der Wahl

Das Bundesverfassungsgericht hat im März 2009 betont, dass auch die „Öffentlichkeit der Wahl" ein – ungeschriebenes – Merkmal von Art. 38 I GG ist. In einer Entscheidung hatte das Gericht die Verwendung von Wahlcomputern bei der Bundestagswahl für unzulässig erklärt. Grund: „Der Grundsatz der Öffentlichkeit der Wahl aus Art. 38 i.V.m. 20 I, II GG gebietet, dass alle wesentlichen Schritte der Wahl öffentlicher Überprüfbarkeit unterliegen, soweit nicht andere verfassungsrechtliche Belange eine Ausnahme rechtfertigen."

b) Wahlsystem

Traditionell gibt es zwei Möglichkeiten, das Wahlsystem zu organisieren:
Als **Mehrheitswahl** oder als **Verhältniswahl**.

Das Mehrheitswahlrecht

Das Wahlgebiet wird in Wahlkreise eingeteilt. In jedem Wahlkreis wird der Abgeordnete mit der höchsten Stimmenzahl direkt ins Parlament gewählt. Die Zahl der Volksvertreter richtet sich also nach der Zahl der Wahlkreise. So wird es z.B. im Vereinigten Königreich gemacht.

Das Verhältniswahlrecht

Alle Stimmen aus allen Wahlkreisen werden zusammengezählt. Der prozentuale Anteil der einzelnen Parteien entspricht dem späteren Anteil an Sitzen im Parlament.

Der deutsche dritte Weg: Das personalisierte Verhältniswahlrecht

Dieses Konzept ist ein Mix und im Bundeswahlgesetz (BWG) erläutert. Jeder Wahlberechtigte hat bei der Bundestagswahl **zwei Stimmen**: Mit der **Erststimme** wählt er einen Kandidaten aus dem Wahlkreis, mit der **Zweitstimme** stimmt er für eine Partei.

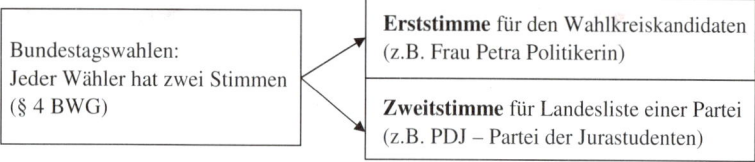

Bundestagswahlen:
Jeder Wähler hat zwei Stimmen
(§ 4 BWG)

Erststimme für den Wahlkreiskandidaten
(z.B. Frau Petra Politikerin)

Zweitstimme für Landesliste einer Partei
(z.B. PDJ – Partei der Jurastudenten)

Im **Bundestag** saßen nach der Wahl vom Herbst 2009 nun 622 Abgeordnete (inzwischen 620, da zwei Abgeordnete das Mandat im Laufe der Zeit aufgegeben haben (beide waren über Landeslisten eingezogen und hatten Überhangmandate innehatten, daher gab es für sie keine Nachrücker).

- Jeder **Wahlkreis** entsendet den Kandidaten mit der höchsten Stimmenzahl bei den Erststimmen (es reicht eine relative Mehrheit, d.h. auch 30 % sind ausreichend, wenn alle anderen weniger haben). Bei 299 Wahlkreisen macht das 299 Abgeordnete.

Bei der **Bundestagswahl 2009** haben CDU/CSU 218 Wahlkreise gewonnen, SPD 64, Linke 16, Grüne 1. In der Summe sind das 299.

- Weitere 299 Abgeordnete ziehen über die sogenannten **Landeslisten** der Parteien ein. Hier werden Parteien berücksichtigt, die bei der Zweitstimme gut abgeschnitten haben, deren Bewerber in den Wahlkreisen aber weniger oder gar nicht erfolgreich waren. Die Verteilung dieser Sitze erfolgt in den Ländern.

Zu der gesetzlichen Anzahl von 598 Abgeordneten kommen 24 **Überhangmandate**, die bei der Bundestagswahl im Herbst 2009 entstanden sind: 21 für die CDU und 3 für die CSU.

Fiktives Beispiel Nr. 1:

Erreicht die CDU in Rheinland-Pfalz 50% der Zweitstimmen, darf sie 25 der 50 rheinland-pfälzischen Abgeordneten in den Bundestag entsenden. Auf ihrer Landesliste wären das die ersten 25 Bewerber. Doch aufgepasst: 20 CDU-Kandidaten haben in ihren jeweiligen Wahlkreisen das beste Ergebnis erzielt. Sie sind auf jeden Fall im Parlament vertreten. So dürfen nur noch 5 Kandidaten der Landesliste einziehen – nämlich die ersten 5, die nicht gleichzeitig einen Wahlkreis gewonnen haben. Das gleiche Prinzip gilt für kleine Parteien: Bündnis 90/Die Grünen erhalten 6 % der Zweitstimmen. Gleichzeitig kann keiner ihrer Kandidaten einen Wahlkreis direkt gewinnen. Der Partei stehen aber drei Sitze zu – und diese Plätze nehmen die drei ersten Kandidaten der Landesliste ein.

Das **personalisierte Verhältniswahlrecht sichert** damit:

- dass jeder Wahlkreis mindestens einen Abgeordneten entsendet,
- dass kleine Parteien, die keine Wahlkreise gewinnen, trotzdem im Parlament vertreten sind.

Fiktives Beispiel Nr. 2:

Nun kann es passieren, dass die CDU 40% der Zweitstimmen erhält. Das wären 20 Sitze für diese Partei. Gleichzeitig gewinnen jedoch 25 Kandidaten der CDU ihre Wahlkreise. Was ist zu tun? Wegnehmen kann man den direkt gewählten Bewerbern ihr Mandat nun nicht – immerhin müssen alle Wahlkreise im Parlament vertreten sein. Es ziehen also alle 25 in den Bundestag ein. Die CDU kommt in den Genuss von sogenannten „Überhangmandaten". Anderen Parteien wird dies nicht ausgeglichen.

c) 5 % - Klausel

Parteien oder Listenverbindungen, die weniger als 5 % der Stimmen erhalten, werden bei der Sitzverteilung nicht berücksichtigt (§ 6 VI BWG).

Diese Regelung wurde nach den bitteren Erfahrungen der Weimarer Republik getroffen. Eine **Zersplitterung** des Parlaments in zahllose Fraktionen verhinderte damals die Bildung einer handlungsfähigen Regierung. Dies trug dazu bei, dass die Nationalsozialisten die Macht ergreifen konnten, obwohl sie sich nicht auf eine parlamentarische Mehrheit stützen konnten.

Die 5 % - Klausel kann jedoch umgangen werden, **wenn eine Partei mindestens drei Direktmandate** erzielt, d.h. wenn ihre Bewerber in drei Wahlkreisen die höchste Stimmenzahl auf sich vereinigen können (§ 6 VI BWG). Neben diesen drei Kandidaten ziehen dann auch die Kandidaten der Landeslisten dieser Partei ein. Wie viele von der Liste berücksichtigt werden, hängt vom Zweitstimmenergebnis ab (normale Berechnung, nur dass die 5 %-Hürde nicht gilt).

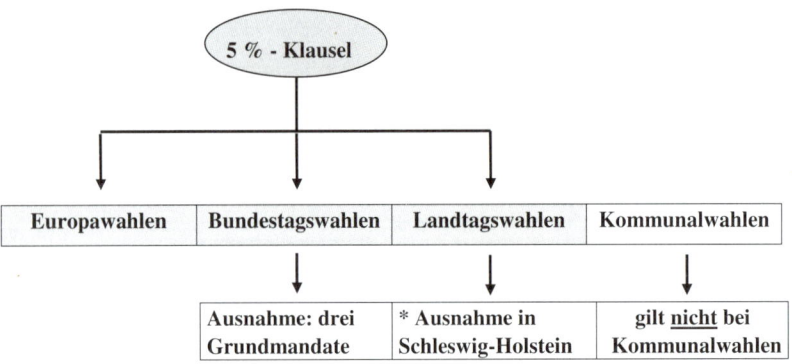

* In Schleswig-Holstein gilt wegen des Minderheitenschutzes die 5%-Klausel nicht für den Südschleswigschen Wählerverband (SSW), der Teile der dänischen Minderheit im Norden des Bundeslandes vertritt.

Die 5 % - Klausel bei Kommunalwahlen wurde von verschieden Verfassungsgerichten der Länder als unzulässig erachtet. Das Bundesverfassungsgericht hat **2008** entschieden, dass nur eine mit einiger Wahrscheinlichkeit zu erwartende Beeinträchtigung der Funktionsfähigkeit der kommunalen Vertretungsorgane die Sperrklausel rechtfertigen kann (BVerfG JA **2008**, 746ff.). Dies aber ist fast nie der Fall. Anders als staatliche Parlamente übten Gemeindevertretungen keine Gesetzgebungstätigkeit aus. Vielmehr sind ihnen in erster Linie verwaltende Tätigkeiten anvertraut. Dafür braucht es keine 5 % - Klausel.

2. Wahlprüfung

Bei einer Bundestagswahl kann es zu Unregelmäßigkeiten kommen. Es könnten die Wahlrechtsgrundsätze nicht streng genug beachtet worden sein (allgemeine, unmittelbare, geheime, freie, gleiche Wahl). Oft ist das allerdings Auslegungssache.

Wenn ein Wahlberechtigter das Gefühl hat, es wären Unregelmäßigkeiten geschehen, kann er beim Bundestag eine **Wahlprüfung** beantragen (Art. 41 III GG i.V.m. § 2 I WahlprüfungsG). Für solche Fälle hat der Bundestag einen **Wahlprüfungsausschuss** eingesetzt (§ 3 WahlprüfungsG).

Weist der Bundestag den Antrag ab, kann sich der Beschwerdesteller an ein Gericht wenden. In diesem Fall ist gemäß Art. 41 II das BVerfG zuständig. Der Beschwerde des Wahlberechtigten müssen allerdings 100 weitere Wahlberechtigte hinzutreten. Die dann 101 Beschwerdesteller hätten Erfolg, wenn ihre Klage zulässig und begründet ist.

In der **Zulässigkeit** wird geprüft, ob der Beschwerdeführer ein Recht hat, sich zu beschweren. Die Zulässigkeitsvoraussetzungen finden sich in einem besonderen Gesetz: dem Bundesverfassungsgerichtsgesetz (kurz: **BVerfGG**). Da es sehr wichtig ist, sollte es jeder von Beginn an kennen- und benutzen lernen:

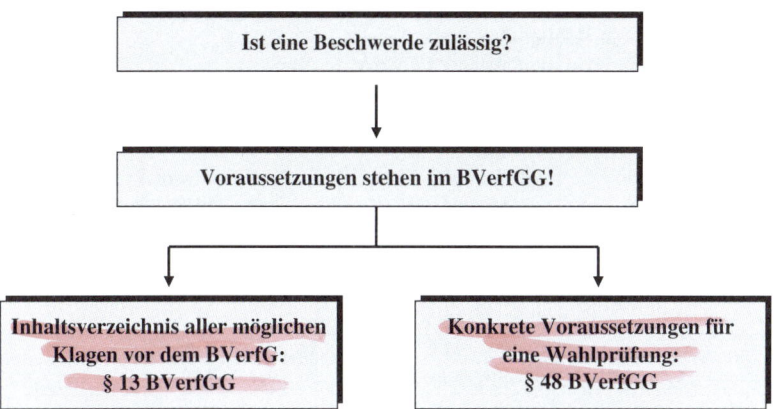

In der **Begründetheit** wird geprüft, ob der Beschwerdeführer inhaltlich Recht hat (stimmt es, was er an der Wahl bemängelt?). Hier wird geklärt, ob wirklich ein **Wahlfehler** vorgekommen ist, und, falls ja, ob dieser Auswirkungen auf die **Sitzverteilung** im Bundestag hatte. Hatte er nämlich keine Auswirkungen, ist die Beschwerde nicht begründet!

WAHLPRÜFUNGS-BESCHWERDE

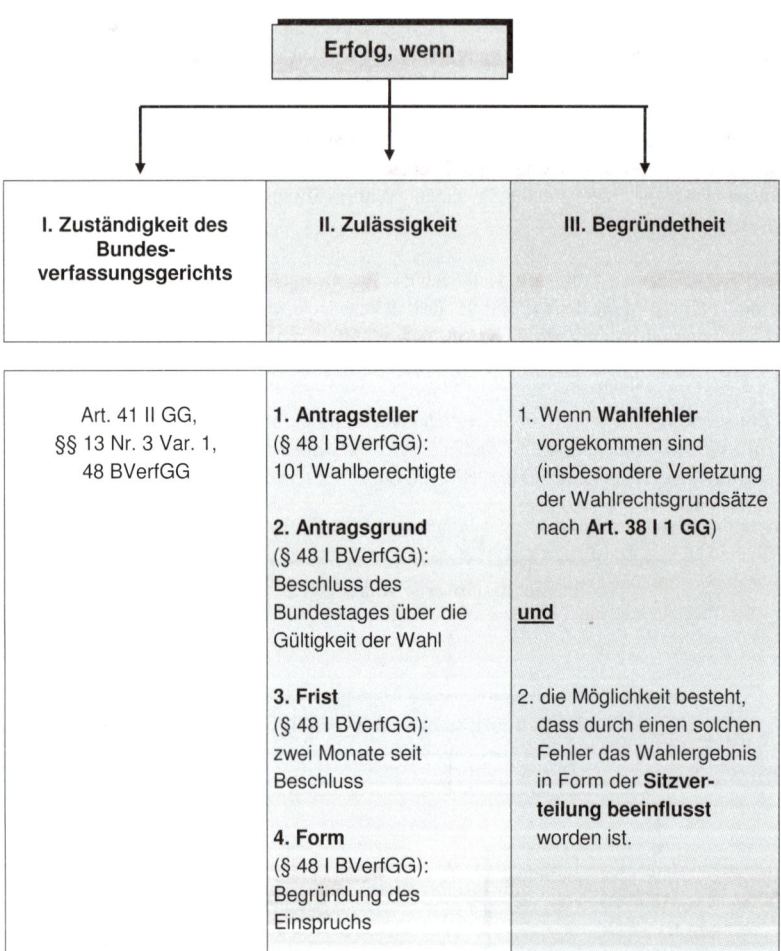

Erfolg, wenn		
I. Zuständigkeit des Bundes-verfassungsgerichts	**II. Zulässigkeit**	**III. Begründetheit**
Art. 41 II GG, §§ 13 Nr. 3 Var. 1, 48 BVerfGG	**1. Antragsteller** (§ 48 I BVerfGG): 101 Wahlberechtigte **2. Antragsgrund** (§ 48 I BVerfGG): Beschluss des Bundestages über die Gültigkeit der Wahl **3. Frist** (§ 48 I BVerfGG): zwei Monate seit Beschluss **4. Form** (§ 48 I BVerfGG): Begründung des Einspruchs	1. Wenn **Wahlfehler** vorgekommen sind (insbesondere Verletzung der Wahlrechtsgrundsätze nach **Art. 38 I 1 GG**) **und** 2. die Möglichkeit besteht, dass durch einen solchen Fehler das Wahlergebnis in Form der **Sitzver-teilung beeinflusst** worden ist.

☞ **Die Wahlprüfung ist auch ein mögliches Klausurthema.**

Dann sind die oben genannten Punkte durchzuprüfen, z.B. ob sich genügend Wahlberechtigte beschweren (mindestens 101) oder ob ein Wahlrechtsgrundsatz verletzt wurde (z.B. Geheimheit der Wahl).

20

Um eine solche Aufgabe zu lösen, ist die Kenntnis folgender Normen notwendig:

⇨ 1. Die Wahlprüfung in **Art. 41 II**.

⇨ 2. Die Zuständigkeit des BVerfG in **§ 13 Nr. 3 BVerfGG** (verweist auf Art. 41 II).

⇨ 3. Die Zulässigkeitsvoraussetzungen in **§ 48 BVerfGG**.

⇨ 4. Die Begründetheitsvoraussetzung eines Wahlfehlers in **Art. 38 I**.

Übungsfall 1:

Nachdem das Ergebnis der Bundestagswahl bekannt gegeben wird, beschwert sich der Wahlberechtigte Z beim Bundestag. Die Wahl sei weder „geheim" noch „frei" abgelaufen. Er führt aus, dass sich seine Nachbarn auf ihrer Homepage öffentlich dazu bekannt hätten, die X-Partei zu wählen. Ein solches Preisgeben sei schließlich auch im Wahllokal nicht erlaubt, denn man müsse seine Wahlentscheidung geheim treffen, „und das aus gutem Grund", wie Z sagt. Außerdem sei er am Wahlsonntag beeinflusst worden. Während seines Spazierganges zum Wahllokal hätte er das Stadtzentrum durchquert. Dort hingen so viele Plakate der X-Partei, dass er geradezu gezwungen wurde, diese anzuschauen und zu lesen. Z kann den Bundestag jedoch nicht überzeugen. Die Beschwerde wird zurückgewiesen. Darüber ist Z sehr brüskiert. Innerhalb einer Woche sammelt er über 100 Unterschriften von wahlberechtigten Freunden, die die Lage ebenso einschätzen. Seine Argumentation und die Unterschriftenlisten sendet Z sofort an das Bundesverfassungsgericht.
Ist das BVerfG zuständig; und wenn ja, wie wird es entscheiden?

Allgemeine Hinweise vorab

Es existieren verschiedene Verfahrensarten vor dem Bundesverfassungsgericht. Eine vollständige Auflistung findet sich in **§ 13 BVerfGG** (merken!). Wann immer also gefragt wird, „wie das BVerfG entscheiden wird" oder „welche Möglichkeiten der Beschwerdeführer hat" oder „was das Land X nun tun kann" oder ähnlich, ist ein Blick in § 13 BVerfGG unausweichlich.

Insgesamt verzeichnet das BVerfGG hier 17 Zuständigkeiten. Genaue Regelungen über jede einzelne finden sich dann weiter hinten im Gesetz (ab §§ 36 BVerfGG). Dort finden sich zu jeder Zuständigkeit die jeweiligen Voraussetzungen. Diese Voraussetzungen werden unter „Zulässigkeit" geprüft!

Wer finden will, muss in **§ 13 BVerfGG** suchen. Wonach suchen? Fall 1 dreht sich um eine Wahlbeschwerde. Findet sich irgendwo in § 13 BVerfGG etwas über die Frage der Gültigkeit einer Wahl?

Ja! In § **13 Nr.3 1.Alt. BVerfGG**. Folglich ist das Bundesverfassungsgericht zuständig. (Das sagt übrigens auch § 18 WahlprüfungsG). Oben wurde erwähnt, dass sich die Zuständigkeiten des BVerfG auch verteilt über das GG wiederfinden. Die Wahlprüfung wird im GG in Art. 41 II, III erwähnt. Diese Verweisungsnorm ist in der Fallbearbeitung mitzuzitieren!

Falllösung

Die Beschwerde des Z hätte Erfolg, wenn das BVerfG zuständig, die Beschwerde zulässig und begründet ist.

1. Zuständigkeit des Bundesverfassungsgerichts
Die Zuständigkeit des BVerfG ergibt sich aus Art. 41 II i.V.m. §§ 13 Nr. 3 1.Alt., 48 BVerfGG, § 18 WahlprüfungsG.

2. Zulässigkeit
a) Antragsteller: Z müsste ein zulässiger Antragsteller sein. Dafür ist erforderlich, dass er wahlberechtigt ist. Das ist nach dem Sachverhalt gegeben. Weiterhin müssten ihm gemäß § 48 I BVerfGG 100 Wahlberechtigte beigetreten sein. Z erhält die Unterstützung von hundert wahlberechtigten Freunden. Zuletzt spricht auch nichts dagegen, dass die Formerfordernisse des § 48 II BVerfGG nicht erfüllt wären. Damit ist Z ein zulässiger Antragsteller.

b) Antragsgrund: Weiterhin müsste sich die Beschwerde des Z gegen einen Beschluss des Bundestages über die Gültigkeit der Wahl richten (§ 48 I BVerfGG). Z beschwert sich über die Zurückweisung seiner Eingabe durch den Bundestag. Somit ist ein Antragsgrund gegeben.

c) Frist: Weiterhin müsste die Beschwerde innerhalb von zwei Monaten erhoben worden sein, § 48 I BVerfGG. Im vorliegenden Fall beschwert sich Z nach einer Woche. Damit wurde die Frist eingehalten.

d) Form: Zuletzt müsste der Einspruch begründet sein, § 48 I BVerfGG. Z sendet seine Argumente mit an das Gericht. Damit ist der Einspruch begründet.

Folglich ist die Beschwerde vor dem Bundesverfassungsgericht zulässig.

Sie müsste auch begründet sein.

3. Begründetheit

Die Beschwerde des Z ist begründet, wenn bei der Bundestagswahl **Wahlfehler** vorgekommen sind und gleichzeitig die Möglichkeit besteht, dass durch einen solchen Fehler das Wahlergebnis in Form der **Sitzverteilung im Bundestag beeinflusst** worden ist. Wahlfehler sind insbesondere dann zu bejahen, wenn die Wahlrechtsgrundsätze in Art. 38 I 1 verletzt wurden.

a) Wahlfehler
aa) Geheimheit der Wahl (Art. 38 I 1)

Es könnte gegen den Wahlrechtsgrundsatz der Geheimheit der Wahl (Art. 38 I 1) verstoßen worden sein. Die Nachbarn des Z machten ihre Parteipräferenz für die X-Partei auf ihrer Homepage öffentlich. Das Prinzip der Geheimheit der Wahl verlangt, dass die Stimmabgabe im Wahllokal geheim zu erfolgen hat.

Öffentliche Äußerungen über das eigene Wahlverhalten sind dagegen durch die Meinungs-freiheit in Art. 5 I erlaubt. Ein demokratischer Staat, in dem verschiedene politische Ideen konkurrieren, verlangt geradezu nach der politischen Auseinandersetzung. Jeder darf sich zu einer Partei und deren politischen Ziele bekennen. Folglich verstößt die Homepage der Nach-barn des Z nicht gegen den Wahlrechtsgrundsatz der Geheimheit der Wahl nach Art. 38 I 1.

bb) Freiheit der Wahl (Art. 38 I 1)

Weiterhin könnte gegen den Grundsatz der Freiheit der Wahl (Art. 38 I 1) verstoßen worden sein. Z beklagt die vielen Plakate der X-Partei im Stadtzentrum. Wahlfreiheit bedeutet, dass kein unzulässiger Druck auf den Wahlberechtigten zur Abgabe seiner Stimme in eine bestimmte Richtung ausgeübt werden darf. Die Plakate der X-Partei sind Teil des demokratischen Ideenwettbewerbs zwischen den politischen Parteien. Es muss bezweifelt werden, dass sie die Entscheidungsfreiheit des Wählers ernsthaft beeinträchtigen.

Fraglich ist aber, ob die Wahlwerbung am Wahlsonntag unzulässig nach § 32 I BWG ist. Dafür müssten die Plakate allerdings im oder am bzw. unmittelbar vor dem Zugang des Wahllokals befestigt worden sein. Im vorliegenden Fall hängen die Plakate jedoch im Stadtzentrum. Eine starke geographische Nähe zum Wahlraum ist nicht zu erkennen. Folglich ist § 32 I BWG nicht verletzt. Somit verstoßen die Plakate der X-Partei nicht gegen den Wahlrechtsgrundsatz der Freiheit der Wahl nach Art. 38 I 1.

Damit liegt kein Wahlfehler vor.

b) Beeinflussung der Sitzverteilung durch den Wahlfehler

Mangels Wahlfehler kann auch die Sitzverteilung nicht beeinflusst worden sein.

Ergebnis: Die Beschwerde des Z und seiner 100 wahlberechtigten Freunde wegen einer angeblichen Verletzung von Wahlrechtsgrundsätzen ist zwar zulässig, aber nicht begründet.

§§§§§§§§§§§§§§§§§§§§§

3. Volksabstimmungen

In Art. 20 II 2 ist nicht nur von Wahlen, sondern auch von „Abstimmungen" die Rede. Diese Abstimmungen sind geheim, frei, gleich und allgemein. Drei Modelle kennt Art. 29:

Volksbefragungen
Der Staat stellt dem Volk eine präzise formulierte Frage zu einem Sachverhalt. Das Abstimmungsergebnis ist nicht bindend.

Volksbegehren
Das Volk startet eine Initiative mit dem Ziel, dass eine politische Entscheidung vom Parlament oder vom Volk (durch einen Volksentscheid) zu treffen ist. Das Volksbegehren ist in einigen Bundesländern möglich (z.B. Bayern). Voraussetzung ist die Unterstützung durch eine hinreichend große Zahl von Wahlberechtigten.

Volksentscheide
Das Volk entscheidet eine Frage abschließend und bindet damit das Parlament.

Auf Bundesebene sind solche Abstimmungen allerdings sehr rar, vorgesehen sind sie lediglich in Art. 29 zur Neugliederung des Bundesgebietes durch eine Änderung der Ländergrenzen sowie in Art. 118a für eine mögliche Fusion der Länder Berlin und Brandenburg. Zur Einführung weiterer Volksabstimmungen bedarf es nach herrschender Meinung einer Verfassungsänderung.

4. Mehrheitsprinzip

In einer Demokratie werden Entscheidungen immer von einer Mehrheit getroffen. Allerdings ist Mehrheit nicht gleich Mehrheit. Das Grundgesetz kennt verschiedene Mehrheitsbegriffe.

Eine **relative Mehrheit** hat, wer mehr hat als jeder andere.

Eine **einfache Mehrheit** hat, wer mehr hat als die Hälfte der abgegebenen, gültigen Stimmen.

Eine **absolute Mehrheit** hat, wer mehr hat als die Hälfte dessen, was möglich ist.

Eine **qualifizierte Mehrheit** hat, wer einen festgelegten größeren Anteil hat als bei den drei zuvor genannten Mehrheiten.

Eine **einmütige Entscheidung** liegt vor, wenn es keine Gegenstimmen, allerdings Enthaltungen gibt.

Eine **einstimmige Entscheidung** ist gegeben, wenn alle Abstimmenden ein positives Votum abgeben.

Das Wort Mehrheit ohne Beiwort ist gleichbedeutend mit „mehr als die Hälfte".

Folgerung: Jede absolute Mehrheit ist eine einfache, jede einfache Mehrheit ist eine relative.

Im Grundgesetz findet man statt der Beiwörter relativ, einfach, absolut, qualifiziert eher Formulierungen wie

die meisten Stimmen für eine relative Mehrheit (Art. 63 IV GG),
die Mehrheit der Mitglieder für eine bestimmte absolute Mehrheit (Art. 63 II GG),
die Mehrheit der abgegebenen Stimmen für eine einfache Mehrheit (Art. 42 II GG),
zwei Drittel der Mitglieder für eine bestimmte qualifizierte Mehrheit (Art. 79 II GG).

Eine einfache Mehrheit wird vor allem in Situationen, in denen nur ein Teil der Stimmberechtigten tatsächlich abstimmt, als geforderte Norm angewendet.

Beschlüsse des Bundestages (in der Regel)	Es genügt die „Mehrheit der abgegebenen Stimmen", also eine einfache Abstimmungsmehrheit (Art. 42 II).	*Beispiel:* Es sind nur 50 der 614 Abgeordneten im Plenum und stimmen ab: 20 „ja", 19 „nein", 11 „Enthaltungen". Ergebnis: Antrag angenommen.
Personenwahl, z.B. Bundeskanzlerin und Bundespräsident	Benötigt wird im ersten Wahlgang eine einfache Mitgliedermehrheit (Art. 63 II – IV für Kanzlerin, Art. 54 VI für Präsident; jeweils i.V.m. **Art. 121** – lesen!). [Im dritten Wahlgang reicht auch eine Abstimmungsmehrheit.]	*Beispiel:* Die Kanzlerin braucht bei 614 Abgeordneten 308 Ja-Stimmen. Das bleibt auch so, wenn drei Abgeordnete krank sind (in diesem Fall werden sie im Krankenbett ins Parlament geschoben – kein Witz).
Änderungen des Grundgesetzes	Verfassungsänderungen bedürfen nach Art. 79 II einer qualifizierten Mitgliedermehrheit (2/3) von Bundesrat und Bundestag.	*Beispiel:* Bei 614 Abgeordneten im Bundestag müssen mindestens 410 zustimmen (egal wie viele anwesend sind). Im Bundesrat: mind. 46 von 69.

5. Politische Parteien

„Parteien wirken an der politischen Willensbildung des Volkes mit" (Art. 21 I 1). Doch was Parteien genau sind, sagt das GG nicht. Dazu ist ein Blick in § 2 I ParteiG notwendig.

Die wichtigsten **Wesensmerkmale** einer Partei sind danach ihre **dauerhafte Existenz** und ihr **Ziel, in einem Bundes- oder Landesparlament mitzuwirken**. „Rathausparteien", also Parteien, die sich ausschließlich auf lokaler Ebene engagieren, sind folglich keine Parteien im Sinne des Parteiengesetzes. Parteien sind zivilrechtlich meist als eingetragene Vereine organisiert. Staatsrechtlich sind sie Institutionen der Demokratie, aber keine Staatsorgane.

Parteienfinanzierung

Die politischen Parteien finanzieren sich neben den Mitgliedsbeiträgen und Spenden auch aus staatlichen Zuschüssen. Diese Zuschüsse sind gerechtfertigt, da Parteien durch die Mitwirkung an der Willensbildung des Volkes einen Verfassungsauftrag haben. Die Höhe der Zuschüsse berechnet sich nach dem Erfolg bei Landtags-, Bundestags- und Europawahlen. Das gegenwärtige Gesamtvolumen für alle Parteien zusammen ergibt sich aus § 18 II ParteiG (**absolute Obergrenze**); es liegt 2012 bei 150,8 Mio. Euro.

Die Summe der staatlichen Zuschüsse darf nach § 18 V 1 ParteiG die Summe der selbst erwirtschafteten Einnahmen (Beiträge, Spenden) nicht überschreiten (**relative Obergrenze**). Jede Partei muss ihre gesamte Finanzierung und ihr Vermögen veröffentlichen (Art. 21 I 4). Tut sie das nicht, greifen die in § 23a ParteiG genannten Sanktionen.

Verbot verfassungswidriger Parteien

Verfassungswidrig sind nach Art. 21 II Parteien, die darauf ausgehen, die freiheitlich-demokratische Grundordnung zu beeinträchtigen oder zu beseitigen. Dazu müssen sie – neben einem entsprechendem Parteiprogramm – auch eine aggressiv-kämpferische Haltung an den Tag legen (bzw. ihre Mitglieder). Über die **Verfassungswidrigkeit einer Partei entscheidet das BVerfG**. Diese Zuständigkeit des BVerfG ist geregelt in Art. 21 II 2 i.V.m. §§ 13 Nr. 2 und 43 BVerfGG. Einen Verbotsantrag können demnach Bundesregierung, Bundestag und Bundesrat stellen.

> In der Geschichte der Bundesrepublik wurden bisher erst zwei Parteien verboten: Die kommunistische KPD und die nationalsozialistische SRP.

Das Parteiverbot umfasst auch das Verbot, eine Ersatzorganisation zu gründen. Das BVerfG kann die **Einziehung des Parteivermögens** zugunsten des Staates oder gemeinnütziger Zwecke anordnen (§ 46 III BVerfGG). Der Vollzug des Parteiverbots richtet sich nach §§ 32, 33 ParteiG. Sofern die verbotene Partei im Bundestag mit Abgeordneten vertreten ist, verliert sie mit dem Urteil ihre Mandate (§ 46 IV 1 BWahlG).

Rechtsschutz für Parteien

Politische Parteien können sich gegen alle Benachteiligungen durch Staatsorgane wehren. Staatsorgane sind beispielsweise der Bundestag, Bundesrat und Bundespräsident. Dafür steht das Instrument des **Organstreits** zur Verfügung.

Im Organstreitverfahren werden Konflikte zwischen einzelnen Staatsorganen ausgetragen. Parteien sind zwar keine Staatsorgane. Trotzdem dürfen sie – sozusagen als Ausnahme – Antragsteller im Organstreitverfahren sein, weil sie im GG mit eigenen Rechten ausgestattet sind.

Über Streitigkeiten zwischen Bundesorganen entscheidet das BVerfG.

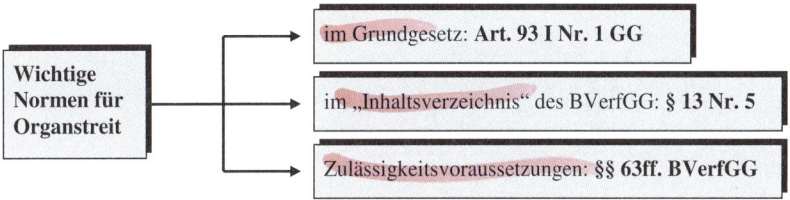

Wichtige Normen für Organstreit	im Grundgesetz: **Art. 93 I Nr. 1 GG**
	im „Inhaltsverzeichnis" des BVerfGG: **§ 13 Nr. 5**
	Zulässigkeitsvoraussetzungen: **§§ 63ff. BVerfGG**

ORGANSTREIT-VERFAHREN

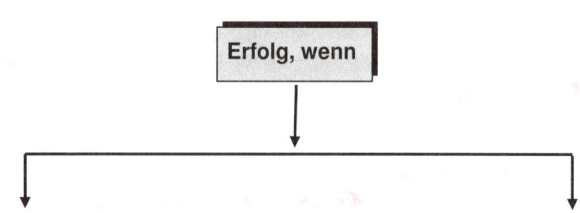

Erfolg, wenn

I. Zuständigkeit des BVerfG	II. Zulässigkeit	III. Begründetheit
Die Zuständigkeit des Bundesverfassungsgerichts ergibt sich aus Art. 93 I Nr.1 GG, § 13 Nr. 5, §§ 63 ff. BVerfGG.	**1. Parteifähigkeit** (§ 63 BVerfGG): Alle Genannten, ihre Teile (z.B. Abgeordnete) und Parteien, soweit ihre verfassungsgemäße Stellung aus Art. 21 GG betroffen ist. **2. Antragsgegenstand** (§ 64 I BVerfGG): Maßnahme oder Unterlassen des Antragsgegners, mit der Folge einer Verletzung oder unmittelbaren Gefährdung von Rechten. **3. Antragsbefugnis** (§ 64 I BVerfGG): Antragsteller muss geltend machen, dass er oder das Organ, dem er angehört, durch die Maßnahme oder das Unterlassen in seinen ihm durch das GG übertragenen Rechte und Pflichten verletzt oder unmittelbar gefährdet ist. **4. Form / Frist** (§ 64 II, III BVerfGG): Bezeichnung der verletzten Bestimmung; Frist: 6 Monate.	Begründet ist der Antrag, wenn die beanstandete Maßnahme oder Unterlassung des Antraggegners gegen eine Bestimmung des **GG verstößt** **und** dadurch **Rechte** des Antragstellers **verletzt** sind.

Übungsfall 2:

Kurz vor einer Bundestagswahl erhält die Piratenpartei wachsenden Zulauf in der Bevölkerung. Dank der verbreiteten Unzufriedenheit über die bisherige Politik sehen Umfragen die Piratenpartei bei 5,0 – 5,5 %. Damit wäre sie im nächsten Bundestag vertreten. Die bisher im Parlament vertretenen Fraktionen sehen die Entwicklung mit Sorge.

Ein Verbot der Piratenpartei ist nicht möglich, da diese die Verfassung in allen Punkten akzeptiert. Der Bundestag beschließt jedoch, seine Geschäftsordnung zu ändern. Der neue § 10 I 1 GOBT soll lauten: „Die Fraktionen sind Vereinigungen von mindestens 6 v.H. der Mitglieder des Bundestages, die derselben Partei oder solchen Parteien angehören, die auf Grund gleichgerichteter politischer Ziele in keinem Land miteinander in Wettbewerb stehen."

Bei der Bundestagswahl schafft es die Piratenpartei dann tatsächlich in den Bundestag. Sie erhält 5,2 %. Der neue Bundestag beschließt, die Geschäftsordnung der alten Wahlperiode zu übernehmen.

Die Piratenpartei kann sich folglich nicht als Fraktion konstituieren. Sie will die damit verbundenen, z.B. finanziellen, Nachteile nicht hinnehmen. Nach ihrer Ansicht verletze § 10 I 1 GOBT die Rechte der Abgeordneten aus Art. 3 I (Chancengleichheit) und Art. 21 I 1 (Mitwirkung).

Kann die Piratenpartei eine Organklage vor dem BVerfG gegen den Bundestag anstrengen?

 Hinweis: GOBT ist die „Geschäftsordnung des Bundestages". Sie ist in allen Gesetzessammlungen abgedruckt. Unbedingt reinschauen!

Falllösung

Die Organklage der Piratenpartei hätte Erfolg, wenn sie zulässig und begründet ist.

1. Zuständigkeit des BVerfG
Die Zuständigkeit des BVerfG ergibt sich aus Art. 93 I Nr. 1 i.V.m. §§ 13 Nr. 5, 63 ff. BVerfGG.

2. Zulässigkeit
a) Antragsteller: Zuerst müsste die Partei nach § 63 BVerfGG zur Klage befugt sein. Aufgrund des Wortlauts ist eine Partei kein zulässiger Antragsteller. Jedoch könnte sich die Befugnis aus Art. 93 I Nr. 1 direkt ergeben. Dort ist von „anderen Beteiligten" die Rede. Parteien sind aufgrund ihres verfassungsmäßigen Status und Auftrags „andere Beteiligte". Die Piratenpartei will außerdem Rechte geltend machen, die ihr aufgrund Art. 21 I 1 zustehen. Sie ist folglich eine befugte Antragstellerin zur Organklage.

b) Antragsgegner: Der Bundestag ist ein zulässiger Antragsgegner (§ 63 BVerfGG).

c) Streitgegenstand: Die Piratenpartei müsste eine Maßnahme oder ein Unterlassen des Bundestages gemäß § 64 I BVerfGG nennen. Sie beschwert sich hier über die vom Bundestag beschlossene Geschäftsordnung, besonders § 10 I 1 GOBT. Damit liegt ein Streitgegenstand vor.

d) Antragsbefugnis: Weiterhin müsste die Partei eine Verletzungs- oder Gefährdungshandlung nach § 64 I BVerfGG geltend machen. Hier beklagt die Piratenpartei, dass sie durch die Geschäftsordnung des Staatsorgans Bundestag in ihren von der Verfassung gewährten Rechten in Art. 3 I, 20 I 1 und 21 I 1 verletzt wird. Somit macht die Partei eine Verletzungshandlung geltend, sie ist mithin antragsbefugt.

e) Form / Frist: Weiterhin müsste der Antragsteller die verletzten Rechtsnormen nennen (§ 64 II BVerfGG). Das hat die Piratenpartei getan. Die Einhaltung der Frist gemäß § 64 III BVerfGG ist anzunehmen.

Somit ist die Organklage der Piratenpartei zulässig.

3. Begründetheit

Die Organklage der Piratenpartei ist begründet, wenn sie Geschäftsordnung des Bundestages gegen Bestimmungen des GG verstößt und die Partei dadurch in ihren Rechten aus Art. 21 I 1 (Mitwirkung) und Art. 3 I, 20 I (Chancengleichheit) verletzt ist.

a) Verstoß gegen Art. 21 I 1

Es könnte ein Verstoß gegen Art. 21 I 1 vorliegen. Die Mitwirkung einer Partei am politischen Willensbildungsprozess wird durch Art. 21 I 1 geschützt. Im Bundestag werden sich die Mitglieder einer Partei regelmäßig in einer Fraktion zusammenschließen, um am Willensbildungsprozess mitzuwirken („Fraktion ist die Partei im Parlament"). Der Schutzbereich des Art. 21 I 1 umfasst nicht nur die politische Willensbildung des Volkes, er muss sich auch auf die Abgeordneten des Volkes im Bundestag beziehen. Gerade dort soll ja die politische Willensbildung in einer repräsentativen Demokratie stattfinden.

Die Bildung einer Fraktion ist mit zahlreichen Vergünstigungen verbunden, darunter auch staatlichen Zuschüssen (§ 50 I AbgG). Fraktionen sind daher in einer deutlich günstigeren Lage, am Willensbildungsprozess mitzuwirken. Das Verwehren des Fraktionsstatus schränkt die Mitwirkungsmöglichkeiten folglich ein.

Andererseits dient die Geschäftsordnung dazu, Ablauf und Organisation des Bundestages in geordneten Bahnen zu garantieren. Fraglich ist allerdings, ob diese Ziele durch die Nichtzuerkennung des Fraktionsstatus für Gruppen, die zwischen 5 – 6 % liegen, erreicht werden kann. Im Hinblick auf den deutlichen Verlust von Mitwirkungsmöglichkeiten der Betroffenen erscheint die Regelung unverhältnismäßig. Die Funktionsfähigkeit des Parlaments wird bereits durch die 5%-Klausel gewährleistet. Damit verletzt § 10 I 1 GOBT das Recht der Piratenpartei aus Art. 21 I 1.

b) Verstoß gegen Art. 21 I 1, Art. 3 I

Ebenso könnte die Chancengleichheit der Parteien aus Art. 20 I 1, Art. 3 I verletzt sein. Die Piratenpartei könnte im Vergleich mit den anderen Parteien weniger Möglichkeiten haben, am politischen Willensbildungsprozess mitzuwirken. Das würde dem Prinzip der Egalität widersprechen.

Zwar wäre eine Änderung der Fraktionsmindeststärke nicht grundsätzlich verboten. Im vorliegenden Fall diente sie allerdings offenkundig dazu, der Piratenpartei Mitwirkungsrechte in Form einer Fraktion zu verwehren. Die Änderung der Geschäftsordnung hatte folglich nicht einer Optimierung der Abläufe im Bundestag, sondern gerade eine Verletzung der Chancengleichheit zum Ziel. Damit verletzt § 10 I 1 GOBT das Recht der Piratenpartei auf Gleichbehandlung aus Art. 21 I 1 i.V.m. Art. 3 I.

Ergebnis: Die Organklage der Piratenpartei ist zulässig und begründet.

Weitere Übungsfälle im Internet: **www.rauda-zenthoefer.de**   *(gebührenfrei)*

---

§§§§§§§§§§§§§§§§§§§§§§§§§§

Wiederholungsfragen zum Demokratieprinzip

1. Warum wird bis in alle Zeit „alle Staatsgewalt vom Volke ausgehen" (Art. 20)?

Weil der Art. 20 nicht änderbar ist, siehe Ewigkeitsklausel des Art. 79 III.

2. Was heißt „Allgemeinheit der Wahl"?

Alle volljährigen Staatsbürger, die seit mindestens drei Monaten in der Bundesrepublik leben, dürfen wählen.

3. Wie heißt das deutsche Wahlsystem?

Personalisiertes Verhältniswahlrecht.

4. Durch welches Gesetz wurde dieses Wahlsystem eingeführt?

Bundeswahlgesetz (BWG).

5. Welchen Sinn hat die 5%-Klausel?

Funktionsfähigkeit des Parlaments gewährleisten (wegen der Erfahrungen aus der Weimarer Republik).

6. Wie lauten die beiden großen Prüfungsschritte beim Organstreit?

1. Zulässigkeit,
2. Begründetheit.

7. Binden Volksentscheide das Parlament?

Ja. Dagegen binden Volksbefragungen und Volksbegehren nicht.

8. In welchem GG-Artikel wird die Mitgliedermehrheit definiert?

Art. 121.

9. Wo definiert der Gesetzgeber die „Partei"?

In § 2 I ParteiG.

III. Bundesstaat

Im Gegensatz zum zentralistischen Staat in Frankreich (Unitarismus) haben sich die Deutschen einen dezentralen Staatsaufbau gegeben (**Föderalismus**: Art. 20 I). Offenkundig wird diese Dezentralität nicht nur im unterschiedlichen Sitz von Verfassungsorganen (Bundestag in Berlin, BVerfG in Karlsruhe). Deutlich wird dies auch in der **Staatlichkeit der Länder**. Alle 16 Bundesländer haben eine eigene Landesverfassung.

Die Besonderheit des Bundesstaates besteht darin, dass sich die Länder zu einem Staat verbinden. Man hat versucht, hieraus eine Theorie des dreigliedrigen Bundesstaates zu entwickeln, nach der die Gliedstaaten (Länder) und der Zentralstaat (Bund) von einem Gesamtstaat (Bundesrepublik Deutschland) umschlossen werden. Das BVerfG hat sich dagegen der Theorie des **zweigliedrigen Bundesstaats** angeschlossen, nach der der Zentralstaat zugleich den Gesamtstaat bildet (BVerfGE 13, 54).

Nach __Art. 30__ (sehr wichtige Norm!) ist die Wahrnehmung aller staatlichen Funktionen **Sache der Länder**, solange das GG nicht dem Bund einen Kompetenztitel zuschreibt. Diese Aussage wird für die jeweiligen Staatsfunktionen durch besondere Bestimmungen präzisiert:

> - in Art. 70ff. für die Gesetzgebung,
> - in Art. 83ff. für die Verwaltung,
> - in Art. 92ff. für die Rechtsprechung und
> - in Art. 104aff. für das Finanzwesen.

Hier wird also geregelt, inwieweit die drei Gewalten von Ländern oder vom Bund organisiert werden. Grundsätzlich sind die Länder kompetent. Wenn der Bund handeln möchte, muss er dafür einen Kompetenztitel aus dem GG vorweisen können. Weil sich dort eine ganze Reihe von Kompetenztiteln finden, darf der Bund eine ganze Menge. Zum Beispiel Gesetze erlassen.

1. Verteilung der Kompetenzen für die Gesetzgebung

Das GG regelt sehr detailliert, welche Gesetzgebungskompetenzen beim Bund liegen. (Alle nichterwähnten Kompetenzen sind automatisch Sache der Länder.)

In **Art. 73** wird die **ausschließliche Gesetzgebung** aufgeführt. Hier hat allein der Bund das Sagen. Die Länder dürfen nur dann etwas regeln, wenn sie in einem Bundesgesetz ausdrücklich dazu ermächtigt wurden (Art. 71). In **Art. 74** zählt das GG die Gebiete der **konkurrierenden Gesetzgebung** auf. Hier besitzen die Länder solange eine Kompetenz, bis der Bund davon Gebrauch macht. Dies kann der Bund allerdings in einigen Fällen nur mit einer sachlichen Rechtfertigung, vgl. Art. 72 II GG.

Zur **konkurrierenden Gesetzgebung** gehören seit der Föderalismusreform die **umweltrelevanten Materien** Jagdwesen, Naturschutz, Landschaftspflege, Bodenverteilung, Raumordnung und Wasserhaushalt (Art. 74 I Nr. 28-32 GG). Hier sind bundesrechtliche Vorgaben sinnvoll und, weil Umweltschutz länderübergreifend stattfinden muss, auch geboten. Deshalb ist zu erwarten, dass der Bund bald ein Umweltgesetzbuch (UGB) erarbeitet, in dem – wie beim Sozialgesetzbuch (SGB) – verwandte Materien gemeinsam geregelt werden. In einem solchen UGB könnten, nach einem Allgemeinen Teil, zum Beispiel das Bundesimmissionsschutzgesetz oder das Bundesbodenschutzgesetz aufgehen.

Jedoch unterliegen diese umweltrelevanten Materien wie auch die Gebiete der Hochschulzulassung und der Hochschulabschlüsse der neuen **Abweichungsgesetzgebung** (Art. 72 III GG). Die Länder erhalten hierdurch ein Zugriffsrecht auf bestimmte Materien selbst dann, wenn der Bund von seiner konkurrierenden Gesetzgebungskompetenz bereits abschließenden Gebrauch gemacht hat. Entgegen der Grundregel des Art. 72 I GG können sie von der bundesrechtlichen Regelung abweichende Vorschriften erlassen und damit die Gesetzgebung wieder an sich ziehen.

> **Bundesrecht gilt nur so lange, wie die Länder kein eigenes Recht erlassen.**

Das bedeutet: Landesrecht hat hier **Anwendungsvorrang** vor Bundesrecht. Es handelt sich aber nicht um eine echte Durchbrechung des Bundesrechtes, also nicht um einen Geltungsvorrang nach Art. 31 GG („Bundesrecht *bricht* Landesrecht"), sondern **um eine Überlagerung**, wie sie etwa auch im Verhältnis des Rechtes der Europäischen Union zu den mitgliedstaatlichen Rechtsordnungen gilt. Kritiker meinen, dass dadurch die erwünschte Entflechtung gerade nicht erreicht wird. Die Kompetenzen würden nicht klar genug getrennt.

Für Studierende bedeutet dies eine neue typische und tückische Klausurkonstellation, auf die man sich vorbereiten muss. Ältere Fallbücher sind nur noch eingeschränkt nutzbar!

Denn es wird noch einen Schritt komplizierter: Macht der Bund von seiner (konkurrierenden) Gesetzgebungskompetenz Gebrauch, tritt diese Regelung **frühestens sechs Monate nach ihrem Erlass** in Kraft (Art. 72 III 2 GG). Weshalb? In dieser Zeit können die Länder ein eigenes Gesetz beschließen. Dieses Gesetz hätte dann Anwendungsvorrang.

Das bedeutet, dass das Bundesgesetz in diesem Land zu keinem Zeitpunkt gilt. Eine sinnvolle Regelung, da andernfalls in einem kurzen Zeitraum erst eine bundesrechtliche, sodann eine landesrechtliche Regelung bestehen würde (sog. gesetzgeberisches Ping-Pong). Von dieser Sechs-Monats-Regelung gibt es aber auch eine **Ausnahme**. Das Bundesrecht kann sofort in Kraft treten, wenn dem der Bundesrat mit einer Zwei-Drittel-Mehrheit zustimmt (Art. 72 III 2 GG).

Zuletzt kann es **ungeschriebene Gesetzgebungskompetenzen** für den Bund geben:

a) „kraft Sachzusammenhangs"

Definition nach BVerfGE 3, 407 (421): „... wenn eine dem Bund ausdrücklich zugewiesene Materie verständlicherweise nicht geregelt werden kann, ohne dass zugleich eine nicht ausdrücklich zugewiesene andere Materie mitgeregelt wird ..."

b) „Annex-Kompetenz"

Der Bund regelt eine Materie und darf notwendige ergänzende Vorschriften auch außerhalb des ihm ausdrücklich zugewiesenen Bereichs erlassen.

c) „aus der Natur der Sache"

Sachgebiete, die „ihrer Natur nach eine eigenste, der partikularen Gesetzgebungszuständigkeit a priori entrückte Angelegenheit des Bundes darstellen, vom Bund und nur von ihm geregelt werden können" - BVerfGE 26, 246 (257).

Kompetenz des Bundes zum Erlass von Gesetzen

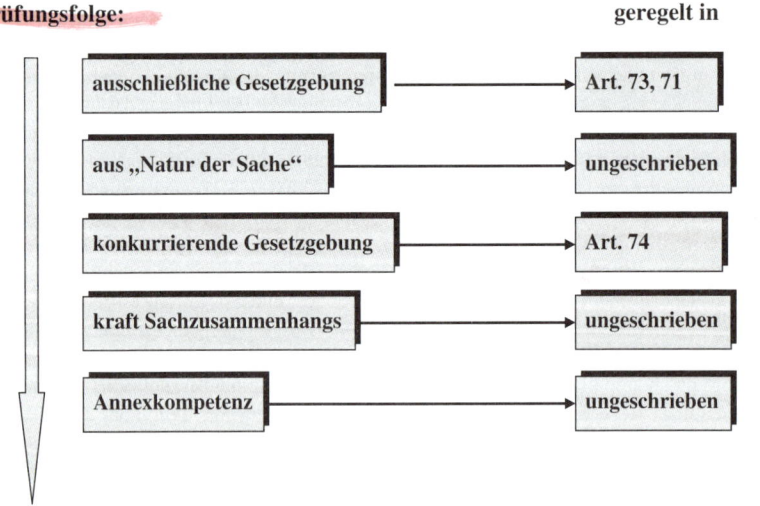

Prüfungsfolge:	geregelt in
ausschließliche Gesetzgebung	Art. 73, 71
aus „Natur der Sache"	ungeschrieben
konkurrierende Gesetzgebung	Art. 74
kraft Sachzusammenhangs	ungeschrieben
Annexkompetenz	ungeschrieben

2. Verteilung der Kompetenzen für die Verwaltung

Bund und Länder besitzen nicht nur Kompetenzen zum Erlass, sondern auch zur Ausführung von Gesetzen. Diese Ausführung ist ebenso wichtig – erlaubt der Vollzug doch regelmäßig Interpretations- und Handlungsspielräume. Geregelt ist all das in den **Art. 83ff**. Auch hier gilt: Grundsätzlich führen die **Länder** die Bundesgesetze aus. Soll es anders sein, muss dies im GG bestimmt oder zugelassen sein (Art. 83). Die meisten Bundesgesetze werden **durch Landesbehörden** ausgeführt. Dies ist effizient, da die Landesbehörden sowieso existieren müssen, um Landesgesetze auszuführen. Nur in einigen Bereichen ist es sinnvoll, zusätzlich eigene Bundesbehörden zu schaffen.

In **Art. 83, 84** wird die Ausführung der Bundesgesetze **als landeseigene Angelegenheit** normiert. Das heißt: Die Landesbehörden führen Bundesrecht so aus als wäre es Landesrecht. Da die einzelnen Länder ihre Verwaltungen unterschiedlich strukturiert haben, kann die Ausführung folglich verschieden sein. Die Einzelheiten hängen vom Organisationsrecht und Verwaltungsverfahrensrecht des jeweiligen Landes ab.

Mit der Föderalismusreform hat sich hier etwas zu Gunsten der Länder geändert. Nach Art. 84 I 1 GG **bestimmen nun die Länder die Regelung der Behördeneinrichtung und des Verwaltungsverfahrens**. Nach einem neuen Satz 2 soll der Bund zwar weiterhin etwas anderes bestimmen können, den Ländern wird jedoch gleichzeitig die Kompetenz eingeräumt, in diesen Fällen davon abweichende Regelungen zu treffen. Wir haben es hier also mit einer weiteren **Änderungsgesetzgebungskompetenz** zu tun (alternativ: „Bundeskompetenz mit jederzeitigem Zugriffsrecht der Länder"). Die Länder können, soweit sie sie für sinnvoll halten, vom Bund getroffene Regelungen akzeptieren – tun sie dies nicht, können sie jederzeit davon abweichen. Dank dieses umfassenden Zugriffsrechtes der Länder sind entsprechende Bundesgesetze von der Zustimmungspflichtigkeit durch den Bundesrat befreit. Die Abweichungsmöglichkeit für die Länder entfällt nur in besonderen Ausnahmefällen, wenn der Bund ein besonderes „Bedürfnis" nach bundeseinheitlicher Regelung geltend macht. In letzterem Fall sind Bundesgesetze freilich wiederum zustimmungspflichtig.

Dagegen regelt **Art. 85** die Ausführung der Bundesgesetze im Auftrag des Bundes (sog. **„Auftragsverwaltung"**). Hier haben die Länder weniger Einfluss. Zwar bestimmen sie auch hier das Organisations- und Verfahrensrecht und die Einrichtung der Behörden und das Verwaltungsverfahren. Jedoch unterstehen die Landesbehörden den Weisungen der zuständigen obersten Bundesbehörden. Diese Behörden nennt man **Bundesministerien**.

Zuletzt führt der Bund einige – wenige – Gesetze auch in bundeseigener Verwaltung aus (**Art. 86**). Diese **Bundesverwaltung** ist allerdings sehr begrenzt. Die Fälle sind im GG abschließend aufgezählt. Innerhalb der Bundesverwaltung existieren Verwaltungen mit eigenem „Unterbau" (Art. 87 I 1), selbständige Bundesoberbehörden (Art. 87 III 1 1.Alt.) und unmittelbare Bundesverwaltung durch a) bundesunmittelbare Körperschaften und b) Anstalten des öffentlichen Rechts.

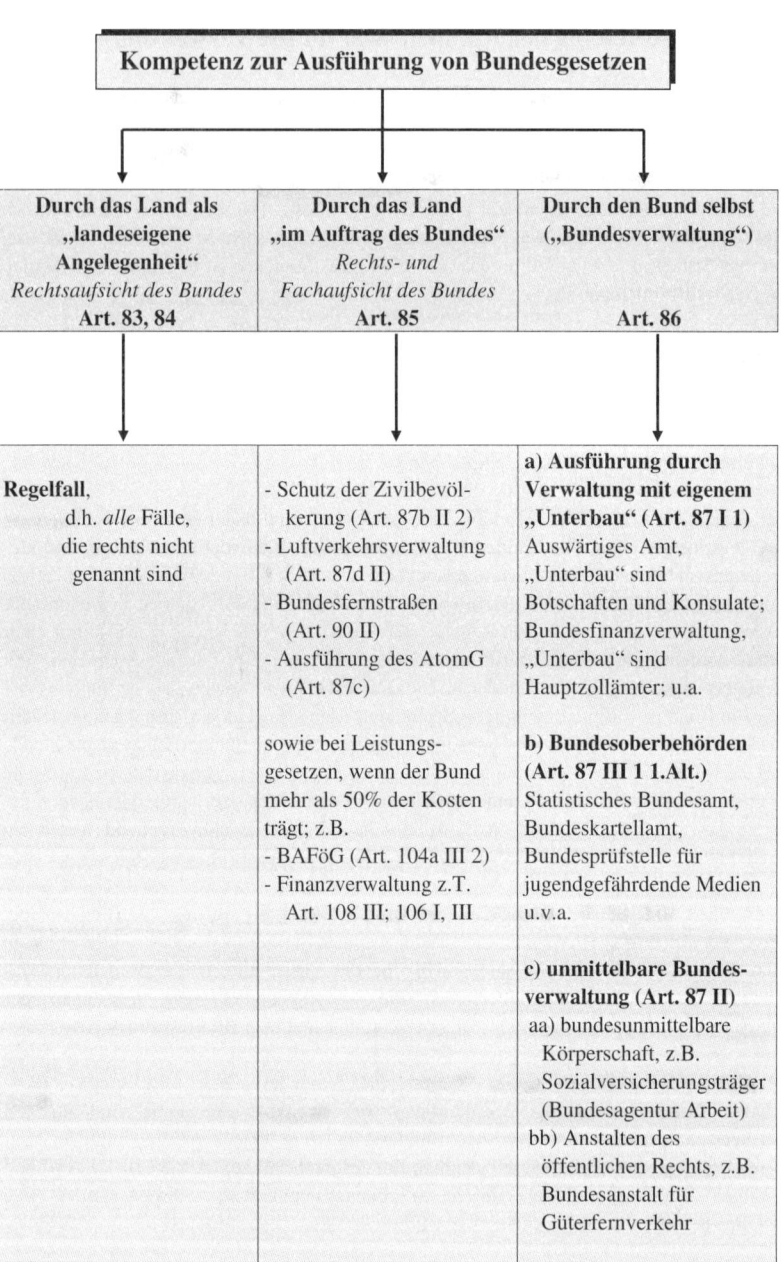

Kompetenz zur Ausführung von Bundesgesetzen

Durch das Land als „landeseigene Angelegenheit" *Rechtsaufsicht des Bundes* **Art. 83, 84**	Durch das Land „im Auftrag des Bundes" *Rechts- und Fachaufsicht des Bundes* **Art. 85**	Durch den Bund selbst („Bundesverwaltung") **Art. 86**
Regelfall, d.h. *alle* Fälle, die rechts nicht genannt sind	- Schutz der Zivilbevölkerung (Art. 87b II 2) - Luftverkehrsverwaltung (Art. 87d II) - Bundesfernstraßen (Art. 90 II) - Ausführung des AtomG (Art. 87c) sowie bei Leistungsgesetzen, wenn der Bund mehr als 50% der Kosten trägt; z.B. - BAFöG (Art. 104a III 2) - Finanzverwaltung z.T. Art. 108 III; 106 I, III	**a) Ausführung durch Verwaltung mit eigenem „Unterbau" (Art. 87 I 1)** Auswärtiges Amt, „Unterbau" sind Botschaften und Konsulate; Bundesfinanzverwaltung, „Unterbau" sind Hauptzollämter; u.a. **b) Bundesoberbehörden (Art. 87 III 1 1.Alt.)** Statistisches Bundesamt, Bundeskartellamt, Bundesprüfstelle für jugendgefährdende Medien u.v.a. **c) unmittelbare Bundesverwaltung (Art. 87 II)** aa) bundesunmittelbare Körperschaft, z.B. Sozialversicherungsträger (Bundesagentur Arbeit) bb) Anstalten des öffentlichen Rechts, z.B. Bundesanstalt für Güterfernverkehr

3. Verteilung der Kompetenzen für die Rechtsprechung

Auch die rechtsprechende Gewalt ist grundsätzlich den Ländern zugeordnet. Dem Bund unterstehen lediglich das BVerfG und die ausdrücklich im GG genannten Bundesgerichte (**Art. 92**). Die Bundesgerichte legen das in ihre Zuständigkeit fallende Bundesrecht **letztinstanzlich** aus. Im Folgenden sind die Bundesgerichte **fett** notiert.

„ordentliche Gerichtsbarkeit" / Zivilsachen:

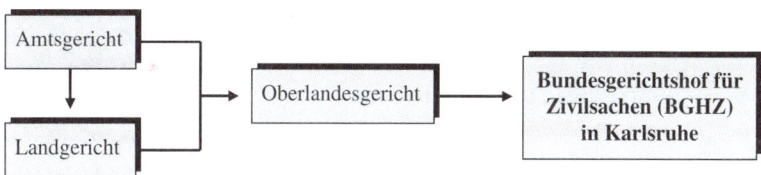

„ordentliche Gerichtsbarkeit" / Strafsachen:

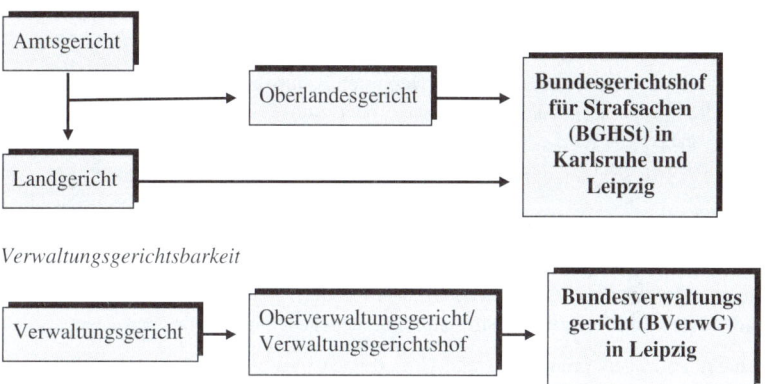

Verwaltungsgerichtsbarkeit

Ähnlich auch Sozialgerichtsbarkeit (oberstes Bundesgericht: **Bundessozialgericht BSG** in Kassel) und Arbeitsgerichtsbarkeit (**Bundesarbeitsgericht BAG** in Erfurt). Die Finanzgerichtsbarkeit kennt dagegen nur zwei Instanzen: Finanzgerichte und Bundesfinanzhof (**Bundesfinanzhof BFH** in München).

Die Zuständigkeiten des **Bundesverfassungsgerichts** regeln Art. 18, 21 II, 41 II, 61, 93, 99, 100, 126. Eine Auflistung „auf einen Blick" ermöglicht § 13 BVerfGG.

Nach Art. 96 darf der Bund für einige weitere Rechtsgebiete eine eigene Gerichtsbarkeit aufbauen. Dies hat er mit dem **Bundespatentgericht** (für Angelegenheiten des gewerblichen Rechtsschutzes) sowie dem **Bundesdisziplinargericht** (für Beamte) und **Truppendienstgerichten** (für Soldaten) getan.

4. Verteilung der Kompetenzen für die Steuern

Ohne finanzielle Mittel wären Bund und Länder nicht handlungsfähig. Im GG ist geregelt, wer welche Steuer erheben darf und wie das Einkommen dann verteilt wird (**Art. 104a – 108**). Im Rahmen der Föderalismusreform II wurde 2009 eine Schuldenbremse ins GG aufgenommen. Danach muss der Bund ab 2016 seine Neuverschuldung auf 0,35 Prozent des Bruttoinlandsprodukts beschränken.

Steuererhebung (Art. 105)

Um Steuern erheben zu können, müssen Steuergesetze erlassen werden. Diese Art der Gesetzgebung wird nicht in Art. 70 (wie man meinen könnte), sondern in **Art. 105** geregelt. Letztere ist eine Spezialregelung und geht deshalb vor!

Steuern können ausschließlich vom Bund (Art. 105 I), ausschließlich vom Land (Art. 105 II a) oder „konkurrierend" (Art. 105 II) erhoben werden.

Der **ausschließlichen Bundeskompetenz** unterliegen Zölle und Finanzmonopole. Letztere haben heute keine Bedeutung mehr.

Der **ausschließlichen Landeskompetenz** unterfallen „örtliche Verbrauchs- und Aufwandsteuern" wie Getränke-, Vergnügungs- oder Hundesteuer.

Alle übrigen Steuern unterliegen der **konkurrierenden Kompetenz**. Der Bund ist kompetent, wenn ihm das Aufkommen dieser Steuer ganz oder zum Teil zusteht oder wenn es zur „Herstellung gleichwertiger Lebensverhältnisse im Bundesgebiet" eine bundeseinheitliche Regelung notwendig macht (vgl. Art. 105 II).

Steuerverteilung (Art. 106)

Dem **Bund** stehen u.a. zu: Zölle, Kapitalverkehrssteuern und Verbrauchssteuern (Tabaksteuer, Mineralölsteuer, Kaffeesteuer). Den **Ländern** stehen u.a. zu: Erbschaftssteuer, Kraftfahrzeugsteuer und einige Verkehr- und Verbrauchssteuern sowie die Biersteuer.

Den **Gemeinden** stehen Grundsteuer und Gewerbesteuer zu. Allerdings werden Bund und Länder durch eine Umlage an der Gewerbesteuer beteiligt.

Bund und Ländern je zur Hälfte steht die Einkommensteuer zu. Sie bringt das höchste Steueraufkommen. Ein kleiner Teil kommt auch den Gemeinden zugute. Dagegen wird die Verteilung der Umsatzsteuer an Bund und Länder immer wieder neu festgelegt. – Dies alles ist der „**vertikale Finanzausgleich**".

Fraglich ist noch, wie das Steueraufkommen unterhalb der einzelnen Länder verteilt wird (= **horizontaler Finanzausgleich**). Die Einkommen- und Körperschaftssteuer wird nach dem Motto verteilt: Wer viel einnimmt, bekommt viel raus. Dagegen berechnet sich die Umsatzsteuer nach der Einwohnerzahl.

Einige Länder stehen dank großer Gewerbeansiedlung und hoher Bevölkerungsdichte deutlich besser als andere (absolut und relativ). Sie werden durch den **Länderfinanzausgleich** gezwungen, ärmeren Ländern Gelder zukommen zu lassen (Art. 107 II).

5. Die Zusammenarbeit von Bund und Ländern

Die Kompetenzen in Sachen Gesetzgebung, Verwaltung, Rechtsprechung und Steuer sind zwischen Bund und Ländern klar verteilt. Trotzdem müssen beide Ebenen miteinander kooperieren. Dieses Ziel haben einige weitere Verfassungsgebote im Auge.

a) Homogenitätsprinzip (Art. 28 I)

In ihren Prinzipien müssen die Verfassungen der Länder mit dem GG übereinstimmen. Das gilt vor allem für die Staatsform Republik, das Regierungssystem Demokratie und den sozialen Rechtsstaat.

b) Vorrang des Bundesrechts (Art. 31)

„Bundesrecht bricht Landesrecht" – natürlich nur dann, wenn der Bund eine Gesetzgebungskompetenz innehat. Art. 31 greift, wenn ein gültiges Landes- und ein gültiges Bundesgesetz nebeneinander stehen, sich aber widersprechen. Dies kann z.B. geschehen, wenn sich der Bund der konkurrierenden Kompetenz zu einer Frage ermächtigt, die das Land bereits geregelt hatte.

c) Bundeszwang (Art. 37)

Kommt ein Land seinen Verpflichtungen gegenüber dem Bund nicht nach, greift Art. 37. Der Bund kann dann „notwendige Maßnahmen" ergreifen, z.B. Weisungen erteilen oder Beauftragte entsenden. Dies ist in der Bundesrepublik - und auch vor 1990 in der alten Bundesrepublik – allerdings nie geschehen.

d) Bundestreue

Die Länder sind zu bundesfreundlichem (sog. Bundestreue), der Bund ist zu länderfreundlichem Verhalten verpflichtet. Diese gegenseitige Rücksichtnahme ist Teil des ungeschriebenen Verfassungsrechts; vgl. BVerfGE 12, 205 (254).
Konkret: Bei Verhandlungen müssen alle Länder gleich beteiligt werden; vgl. BVerfGE 12, 205 (255ff.). Nicht erlaubt ist das Vernachlässigen einer Pflicht mit der Begründung, der andere hätte sie ebenso vernachlässigt; vgl. BVerfGE 8, 122 (140).

e) Gemeinschaftsaufgaben

Die in Art. 91a formulierten Gemeinschaftsaufgaben von Bund und Ländern wurden im Rahmen der Föderalismusreform deutlich reduziert. Sie behandelten nur noch die Verbesserung der regionalen Wirtschaftsstruktur und die Verbesserung der Agrarstruktur und des Küstenschutzes. In diesen wenigen Bereichen ist die Abgrenzung der Kompetenzen von Bund und Ländern also durchbrochen. Näheres regeln Bundesgesetze.

6. Der Bund – Länder – Streit

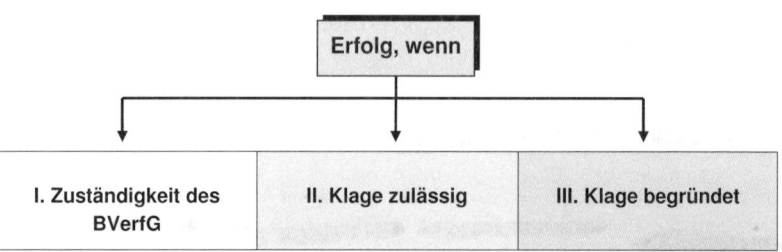

I. Zuständigkeit des BVerfG	II. Klage zulässig	III. Klage begründet
Die Zuständigkeit des Bundesverfassungsgericht ergibt sich aus Art. 93 I Nr. 3 GG, § 13 Nr. 7, §§ 68ff. BVerfGG	1. **Antragsteller** / 2. **Antragsgegner** (§ 68 BVerfGG): Bundes- oder Landesregierung 3. **Streitgegenstand** (§ 69 i.V.m. § 64 I BVerfGG): Meinungs-verschiedenheiten über verfassungsrechtliche Rechte und Pflichten eines Landes oder des Bundes. 4. **Antragsbefugnis** (§ 69 i.V.m. § 64 I BVerfGG): Antragsteller muss geltend machen, durch eine Maßnahme oder ein Unterlassen des Antragsgegners in seinen übertragenen Rechten und Pflichten verletzt oder unmittelbar gefährdet zu sein. 5. **Form** und **Frist** (§ 69 und § 64 II, III BVerfGG): Bezeichnung der Bestimmung, gegen die Antragsgegner verstoßen hat; Frist: 6 Monate.	Begründet ist der Antrag gemäß §§ 69 i.V.m. 67 BVerfGG, wenn die Maßnahme oder das Unterlassen den Antrag-steller in seinen grund-gesetzlichen Rechten verletzt.

Wiederholungsfragen zum Bundesstaatsprinzip

1. Welche Verfassungsbestimmung regelt die Kompetenz zur Ausübung staatlicher Befugnisse?

   Art. 30 – die wichtige Hauptnorm!

2. Wer besitzt grundsätzlich diese Kompetenz: Bund oder Länder?

   Die Länder.

3. Was muss der Bund jedes mal tun, damit er handeln kann?

   Auf einen speziellen Kompetenztitel im GG verweisen.

4. Was unterscheidet ausschließliche und konkurrierende Gesetzgebung aus Sicht der Länder (Art. 70ff.)?

   Ausschließlich = hier dürfen sie nichts entscheiden.
   Konkurrierend = hier dürfen sie nur entscheiden, wenn es der Bund nicht tut.

5. Warum führen die Landesverwaltungen fast alle Bundesgesetze aus – und nicht Bundesverwaltungen?

   Es wäre zu bürokratisch und zu teuer, eine eigene Bundesverwaltung aufzubauen.

6. Es gibt jedoch einige wenige Bundesverwaltungen. Beispiele?

   Auswärtiges Amt, Statistisches Bundesamt, Bundesagentur für Arbeit.

7. Unterliegen Amtsgerichte der Verantwortung von Bund oder Land?

   Vom Land.

8. Welche Eigenschaft ist allen Bundesgerichten gemein?

   Sie sind letztinstanzlich.

9. Wo ist im GG die Erhebung und Verteilung von Steuern geregelt?

   In der Finanz- und Haushaltsverfassung: Art 104a – 115.

10. Wem stehen die Einnahmen aus der Biersteuer zu?

    Dem Freistaat Bayern (bzw. jedem anderen Land).

11. Was besagt das „Homogenitätsprinzip" und wo ist es geregelt?

    Übereinstimmung der Verfassungsprinzipien zwischen GG und Länderverfassungen (Art. 28 I).

12. Und wo ist die „Bundestreue" im GG geregelt?

    Sie ist ungeschriebenes Verfassungsrecht.

13. Abschließend: Wie viele Bundesländer gibt es eigentlich?

    Sechzehn.

IV. Rechtsstaat

1. Gewaltenteilung

Das **Rechtsstaatsprinzip** wird ausdrücklich erst in **Art. 23 I 1** und **Art. 28 I 1** genannt (lesen!). Sein Sinngehalt ist aber bereits in **Art. 20 II 2** enthalten. Kerngedanke ist die Gewaltenteilung. Nach ihr müssen die drei Funktionen des Staates voneinander getrennt sein.

Die **Funktionen des Staates** sind:

a) die Gesetzgebung durch das Parlament (**Legislative**);
b) die Ausführung dieser Gesetze durch Regierung und Verwaltung (**Exekutive**);
c) die Auslegung der Gesetze und die Entscheidung in Streitfällen durch die Gerichte (**Judikative**).

Durch die Verteilung der staatlichen Macht auf verschiedene, sich gegenseitig begrenzende und kontrollierende Staatsorgane soll dem Machtmissbrauch vorgebeugt und die Freiheit des Bürgers gesichert werden. Dabei sind Exekutive und Judikative an Recht und Gesetz gebunden (Art. 20 III). Die personelle Trennung der Organe wird durch einige Regeln zur „**Inkompatibilität**" (= Unvereinbarkeit) gesichert.

Mit der Mitgliedschaft im Bundestag ist der Richter- und Beamtenstatus unvereinbar (§§ 5, 8 AbgG). Professoren dürfen dagegen weiterhin an der Hochschule tätig sein (§ 9 AbgG).

Das Parlament muss grundlegende, für die Gesellschaft wichtige Fragen selbst regeln. Sie darf diese Aufgabe nicht Regierung und Verwaltung überlassen, diese also dazu „ermächtigen". Das ist die **Wesentlichkeitstheorie** des BVerfG:

> Für die Grundrechtsausübung wesentliche Fragen sind vom Parlament selbst zu regeln, da ausschließlich das Parlament durch Wahlen unmittelbar demokratisch legitimiert ist.

Greift also eine staatliche Maßnahme in besonders hochwertige Grundrechte ein (und nicht „nur" in Art. 2 I GG) oder beeinträchtigt sie Grundrechte in besonderem Maße, ist von einem Parlamentsvorbehalt auszugehen. Hier darf *nur* das Parlament entscheiden, nicht die Verwaltung („**Vorbehalt des Gesetzes**"). Natürlich kann das Parlament nicht jedes Detail selbst regeln. Dann würde es sich im Unwichtigen verlieren. Deshalb darf die Exekutive **Rechtsverordnungen** erlassen (**Art. 80**). So ist die Straßenverkehrsordnung (StVO) eine solche Rechtsverordnung. Das Parlament hat nie über die StVO abgestimmt. Es hat vielmehr die Verwaltung ermächtigt, Regelungen auszuarbeiten. Diese Ermächtigung findet sich im Straßenverkehrsgesetz.

Bei Kollisionen zwischen verschiedenem Recht gilt die **Normenhierarchie**. An oberster Stelle steht die Verfassung. Sie ist letztentscheidend. Kein staatlicher Akt darf gegen die Verfassung verstoßen. Das BVerfG kann die Verfassungswidrigkeit von Gesetzen feststellen. Solche Gesetze sind dann nichtig. Das ist der „**Vorrang der Verfassung**".

Normenhierarchie

> **Kein Recht, wenn Gerechtigkeit nicht erstrebt oder Gleichheit verleugnet wird**

Radbruchsche Formel grenzt | Recht von Nicht-Recht ab.[2]

↓

> **Menschenwürde, Demokratie, Rechtsstaat, Republik (Art. 79 III)**

Oberste, gemäß Art. 79 III nicht veränderbare Verfassungsgrundsätze aus Art. 1, 20.

↓

> **Internationale Konventionen wie Menschenrechtskonvention**

Internationales Recht hat teilweise Vorrang (umstritten).

↓

> **Grundgesetz** (außer Art. 1, 20)

Vorrang der Verfassung vor einfachem Recht.

↓

> **Parlamentsgesetze und EU-Recht**

Vorbehalt des Gesetzes (Wesentlichkeitstheorie)

↓

> **Rechtsverordnung (Art. 80)**

Bundesrecht bricht Landesrecht (Art. 31)

↓

> **Verfassungen der Bundesländer**

Vorrang der Verfassung

↓

> **Parlamentsgesetze der Landtage**

Vorbehalt des Gesetzes

↓

> **Rechtsverordnungen der Landesverwaltung**

---

[2] Vgl. Juristischer Grundkurs Rechtsphilosophie: Seiten 2ff.

2. Rechtsschutz durch unabhängige Gerichte

Zum Rechtsstaatsprinzip gehört auch die Rechtsweggarantie in **Art. 19 IV 1**: „Wird jemand durch die öffentliche Gewalt in seinen Rechten verletzt, so steht ihm der Rechtsweg offen." Ob jemand wirklich in seinen Rechten verletzt ist, weiß man allerdings erst nach einem Urteil. Deshalb reicht es bei Art. 19 IV aus, wenn man seine Verletzung **behauptet**.

Unter **„öffentlicher Gewalt"** versteht man in diesem Zusammenhang nur die Exekutivgewalt (so die restriktive Auslegung des BVerfG). Würde man auch Urteile darunter fassen, könnte in unendlicher Folge gegen jedes Urteil geklagt werden.

Weiterhin garantiert das GG die **richterliche Unabhängigkeit** (**Art. 97**). Richter sind nur dem Gesetz unterworfen, d.h. weisungsunabhängig.

Schließlich findet sich noch das grundrechtsgleiche Recht in **Art. 101 I 2**. Es besagt, dass bei jedem Prozess der **gesetzliche Richter** vor einer Klageerhebung feststehen muss. Etwaige „Klüngeleien" nach dem Motto: „ich kümmere mich um diesen Fall, du entscheidest dort" sind unzulässig. Bei jedem Prozess sitzt der Richter also zufällig, er konnte sich das einzelne Verfahren nicht aussuchen. Bei Gericht werden die Geschäftsverteilungspläne der einzelnen Richter meist für einen längeren Zeitraum im voraus bestimmt.

3. Bundesverfassungsgericht

Die **Zuständigkeiten** des BVerfG sind in **Art. 93** nicht abschließend genannt. Weitere Zuständigkeiten sind über das GG verstreut. Eine vollständige Liste gibt es in § 13 BVerfGG.

> In **staatsrechtlichen Klausuren und Hausarbeiten** wird meist nach der Möglichkeit einer Klage vor dem BVerfG gefragt. Wie bereits oben unter dem „Demokratieprinzip" gesehen, sind dann Zulässigkeit und Begründetheit zu prüfen. Die einzelnen Voraussetzungen der Zulässigkeit sind – für alle Verfahrensarten – im BVerfGG geregelt.

Eine eigene Beschwer vor das BVerfG zu bringen, ist nicht immer möglich. Besonders für den einfachen Bürger, den „jedermann", kommt fast nur die Möglichkeit einer **Verfassungsbeschwerde** in Betracht. Die Verfassungsbeschwerde ist eine Möglichkeit von Rechtsschutz und damit Teil des Rechtsstaatsprinzips.

Einzelheiten über die Verfassungsbeschwerde finden sich im Skript „Juristische Grundkurse, Band 19, Staatsrecht II, Grundrechte". Siehe auch unter www.rauda-zenthoefer.de

4. Grundsätze des Strafrechts

Zum Rechtsstaatsprinzip gehören auch Regelungen gegen willkürliche Bestrafung. Diese Regeln sind zum Teil im GG festgelegt (z.B. Art. 103), zum Teil ergeben sie sich auch aus dem Rechtsstaatsprinzip. Im Einzelnen sind es:

a) Nulla poena sine lege (Art. 103 II)

„Keine Strafe ohne Gesetz" bedeutet ein Rückwirkungsverbot. Es ist z.B. nicht erlaubt, im Jahr 2013 einen Straftatbestand einzuführen, der auch für alle Taten in 2011 gilt; denn damals wusste noch kein Rechtsunterworfener von dem Verbot.

> Problematisch wurde das Rückwirkungsverbot bei der Verurteilung von **DDR-Mauer-schützen**. Sie beriefen sich darauf, dass die Tötung von Flüchtlingen in der DDR-Diktatur nicht strafbar war. Andererseits wusste jeder vom Unrechtsgehalt dieser Taten. Im Ergebnis kann man sich bei solch eklatanten Verstößen gegen die Gerechtigkeit nicht auf das Rückwirkungsverbot berufen. Für weiteres auch hier der Verweis auf den Juristischen Grundkurs Rechtsphilosophie, 3. Auflage 2007, Seiten 2ff.

Weiterhin verbietet Art. 103 II Strafen, die auf Gewohnheitsrecht oder Analogieschluss beruhen. Im Strafrecht sind Analogien zu Lasten eines Angeklagten unzulässig.

b) Ne bis in idem (Art. 103 III)

Verbot der Doppelbestrafung: Niemand darf wegen einer Tat zweimal bestraft werden.

c) Schuldprinzip

Jede Strafe setzt Schuld voraus. Dies wird im dritten Schritt von Strafrechtsklausuren geprüft: „Tatbestand – Rechtswidrigkeit – *Schuld*". Die Strafe muss in einem angemessenen Verhältnis zur Schwere der Tat und zum Verschulden des Täters stehen.

d) Unschuldsvermutung

Jeder wird bis zur Verurteilung als unschuldig angesehen und behandelt.

e) Verbot des Zwangs zur Selbstbezichtigung

Niemand darf im Strafverfahren gezwungen werden, gegen sich selbst auszusagen.

f) In dubio pro reo

Im Zweifel wird für den Angeklagten entschieden (Beweisregel im Strafprozessrecht).

Im Straf- und Strafprozessrecht ist es besonders wichtig, nach rechtsstaatlichen Prinzipien zu handeln. Nirgendwo sind die Eingriffe in die Handlungsfreiheit der Bürger größer.

Die dargestellten Prinzipien sind nicht nur objektive Rechtssätze, sondern vermitteln auch **subjektive Rechte** der Bürger. Sie können im Rahmen der **Verfassungsbeschwerde** als Eingriffe in Art. 2 I i.V.m. dem Rechtsstaatsprinzip geltend gemacht werden.

5. Rechtssicherheit

Auch das Gebot der Rechtssicherheit fließt aus dem Rechtsstaatsprinzip. Danach müssen alle Rechtsnormen inhaltlich bestimmt, also klar und präzise formuliert, sein. Der Bürger soll erkennen können, was von ihm gefordert wird. Zulässig ist die Verwendung von Generalklauseln („Wohl des Kindes", „Treu und Glauben"), wenn Zielrichtung und Rahmen der Regelung erkennbar bleiben.

Rückwirkende Gesetze sind grundsätzlich wegen des Prinzips des Vertrauensschutzes unzulässig (= echte Rückwirkung).

> Ausnahmsweise ist sie nach BVerfG zulässig, wenn (1) kein Vertrauenstatbestand gegeben war oder (2) bestehendes Vertrauen nicht schutzwürdig war oder (3) dem schutzwürdigen Vertrauen überwiegende öffentliche Interessen gegenüberstehen.

Dagegen sind **einwirkende Gesetze**, d.h. Gesetze, die in Zukunft gelten, aber bereits in entstandene Sachverhalte eingreifen, zulässig (= unechte Rückwirkung). Sie müssen aber durch Übergangsregelungen abgemildert werden.

V. Sozialstaat

Das Sozialstaatsprinzip, in **Art. 20 I, 28 I** genannt, ist wenig konkretisiert. Die sozialen Maßnahmen eines Staates sind immer von seiner wirtschaftlichen Lage abhängig. Viele sagen: Nur eine starke Wirtschaft ermöglicht Arbeitsplätze und hohe Steuereinnahmen. Somit sei eine **gute Wirtschaftspolitik die beste Sozialpolitik.** Das Grundgesetz enthält sich dieser Frage jedoch und gibt keine Wirtschaftsordnung vor.

Die rechtliche Konkretisierung des Sozialstaats findet sich vor allem im **Sozialgesetzbuch.**

Nach herrschender Lehre ist die Öffentlichkeit der **Sozialversicherung** das Zentrum des Sozialstaatsprinzips. Zur Sozialversicherung gehören vor allem Renten-, Kranken-, Arbeitslosen-, Pflege- und Unfallversicherung. Nach Art. 74 I Nr. 12 hat der Bund hierfür die Kompetenz. Allerdings ist die derzeitige Ausformung der Sozialversicherung **nicht verfassungsmäßig garantiert.**

VI. Staatszielbestimmung Art. 20a

Art. 20a (Schutz der natürlichen Lebensgrundlagen) ist eine Staatszielbestimmung, also eine Leitlinie für die Politik. Für dieses Ziel soll der Staat sein bestes und ehrliches Bemühen einsetzen. Zwingend ist nur ein Mindestmaß an Schutz für natürliche Lebensgrundlagen und Tiere. Die Staatszielbestimmung ist weder einklagbar noch juristisch präzisiert.

Wiederholungsfragen zum Rechts- und Sozialstaat

1. Warum steht eine Rechtsverordnung des Bundes in der Normenhierarchie vor einer Landesverfassung?

Wegen Art. 31: Bundesrecht bricht Landesrecht.

2. Was besagt die Wesentlichkeitstheorie des BVerfG?

Alle wesentlichen Entscheidungen müssen vom Parlament getroffen und dürfen nicht an die Exekutive verwiesen werden (Vorbehalt des Gesetzes).

3. Was ist der Kerngedanke des Rechtsstaatsprinzips?

Die Gewaltenteilung.

4. Welche Akte versteht man unter „öffentlicher Gewalt" in Art. 19 IV?

Nur Exekutivakte.

5. Was bedeutet „gesetzlicher Richter" in Art. 101 I 2?

Der einen Streit entscheidende Richter muss vor Eingang des Falles am Gericht feststehen. Richter können sich nicht „angenehme Fälle" frei wählen.

6. Übersetze „nulla poena sine lege"!

Keine Strafe ohne Gesetz (Art. 103 II).

7. Und nun „ne bis in idem"!

Verbot der Doppelbestrafung (Art. 103 III).

8. Wo ist der Grundsatz „in dubio pro reo" (= im Zweifel für den Angeklagten) im GG manifestiert?

Dieser Grundsatz fließt aus dem Rechtsstaatsprinzip.

9. Was unterscheidet die echte von der unechten Rückwirkung von Gesetzen?

Unter echter Rückwirkung versteht man tatsächlich rückwirkende Gesetze. Dagegen fallen Gesetze, die erst für die Zukunft gelten, aber in bereits entstandene Sachverhalte eingreifen, unter die „unechte Rückwirkung".

10. Ist die Pflegeversicherung durch das Sozialstaatsprinzip verfassungsmäßig garantiert?

Nein. Zwar ist die Sozialversicherung in Grundzügen Bestandteil des Sozialstaatsprinzips. Die konkrete Ausführung ist jedoch offen.

3. Kapitel

Die Staatsorgane

I. Bundestag

Im Deutschen Bundestag werden alle Bundesgesetze beschlossen. Das Parlament besteht aus 598 MdB (= Mitglieder des Bundestages). Sie werden alle vier Jahre vom Volk gewählt (Art. 39 I 1), ausnahmsweise früher bei einer vorzeitigen Auflösung des Bundestags.

> Wegen der Überhangmandate sitzen derzeit **620 Abgeordnete** im Bundestag (2012). Die nächste Bundestagswahl findet im Herbst 2013 statt, wenn es nicht zu einer vorherigen Auflösung kommt.

Die verfassungsmäßige Institution heißt *Bundestag*. Der Sitz des Bundestages ist der *Reichstag* in Berlin. Mit „Reichstag" wird nur das Gebäude bezeichnet. Staatsrechtlich ist immer vom Bundestag (oder Parlament) die Rede.

> **Adresse** des Deutschen Bundestages und für alle Abgeordneten:
> Platz der Republik 1, 11011 Berlin, www.bundestag.de – mit Links zu den Fraktionen.

1. Funktionen des Bundestages

Der Bundestag hat verschiedenste Aufgaben und Funktionen. Die wichtigsten sind die Wahlfunktion, Kontrollfunktion, Gesetzgebungsfunktion und Budgetfunktion.

Wahlfunktion

Der gewählte Bundestag hat andere Staatsorgane zu wählen. Daraus ergibt sich eine demokratische Legitimationskette.

Die wichtigste Wahl findet zu Beginn der Legislaturperiode statt (= Dauer einer Legislatur = Dauer der Zusammensetzung des Bundestages als Legislativorgan, in der Regel vier Jahre): Wahl der **Bundeskanzlerin** (Art. 63). Sie braucht die Mitgliedermehrheit, also die Stimmen der Mehrheit der Mitglieder des Bundestages.

Die Bundesminister (z.B. Außenminister) werden nicht vom Parlament gewählt. Sie werden vielmehr auf Vorschlag der Bundeskanzlerin vom Bundespräsidenten ernannt (Art. 64 I).

Weiterhin wählt der Bundestag den **Wehrbeauftragten** (Art. 45 b, § 13 WehrbeauftragtenG). Der Wehrbeauftragte dient als Beschwerdestelle der Soldaten und ist Hilfsorgan des Bundestages. Einmal im Jahr erstattet er dem Bundestag Bericht.

Die Wahl des Bundestagspräsidenten, seiner Stellvertreter und Schriftführer erfolgt ebenso durch den Bundestag (Art. 40 I). Allerdings stellt dies keinen Akt der Wahlfunktion dar, sondern ist Teil des organisatorischen Selbstbestimmungsrechts.

Die Wahl der obersten Bundesrichter (z.B. für den BGH) erfolgt im **Richterwahlausschuss**, der sich je zur Hälfte aus Mitgliedern von Bundestag und Bundesrat zusammensetzt (Art. 95 II). Eine 2/3-Mehrheit ist erforderlich, damit nicht die jeweilige Bundestagsmehrheit alle Richterposten selbst besetzen kann. Einvernehmen zwischen Mehrheitsfraktion und Opposition ist also herzustellen.

Die Richter des Bundesverfassungsgerichts werden in einem besonderen Gremium gewählt, dem **Wahlmännerausschuss** (Art. 94 I). Auch hier gilt die 2/3-Mehrheit.

Durch die Richterwahl in Ausschüssen soll verhindert werden, dass im Bundestagsplenum über die Kandidaten diskutiert wird. Dies könnte den Ruf der Personen und damit den Ruf der obersten Bundesgerichte beschädigen.

Die Wahl des Bundespräsidenten findet durch die Bundesversammlung statt, der auch alle Bundestagsabgeordneten angehören (siehe unter „Bundespräsident").

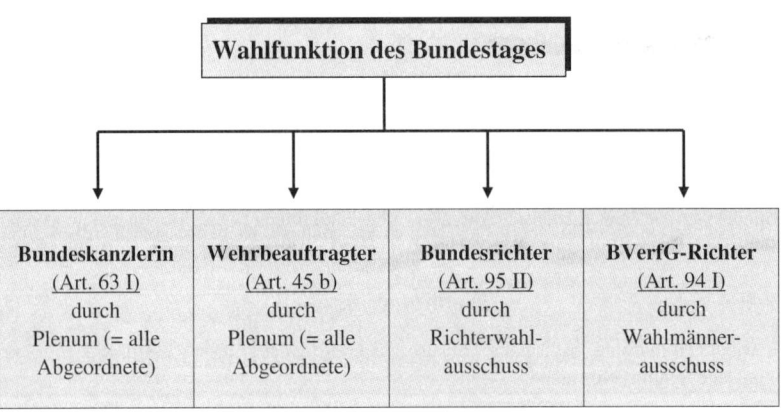

Wahlfunktion des Bundestages			
Bundeskanzlerin (Art. 63 I) durch Plenum (= alle Abgeordnete)	**Wehrbeauftragter** (Art. 45 b) durch Plenum (= alle Abgeordnete)	**Bundesrichter** (Art. 95 II) durch Richterwahl- ausschuss	**BVerfG-Richter** (Art. 94 I) durch Wahlmänner- ausschuss

Gesetzgebungsfunktion

Der Bundestag erlässt die Bundesgesetze (Art. 76ff.). Ein Gesetzentwurf wird zunächst in einer „**ersten Lesung**" behandelt. Dabei findet je nach Wichtigkeit und politischer Interessenlage ein erster Meinungsaustausch oder eine Debatte im Plenum statt. Anschließend, sehr oft auch ohne Aussprache, wird der Gesetzentwurf **an verschiedene Ausschüsse überwiesen**. Meist sind neben dem „federführenden" Fachausschuss auch der Rechts- und der Haushaltsausschuss mit einem Gesetzentwurf befasst, da die Gesetze juristische und fiskalische Auswirkungen haben. Bei den Ausschussberatungen wird die Haupt- und Detailarbeit an den Gesetzentwürfen geleistet. Der Entwurf von den Parlamentariern wird geprüft und nicht selten massiv verändert, sie ziehen regelmäßig Experten der Regierung, aus der Fachverwaltung und weitere Sachverständige aus Praxis und

Wissenschaft heran. In der Ausschussfassung geht der Gesetzentwurf erneut ins Plenum, wo er in einer **„zweiten Lesung"** beraten wird. Die „zweite Lesung" dient der Beratung von Details und Änderungsanträgen, die in großem Umfang aus den Ausschüssen kommen, aber auch von Fraktionen, Gruppen oder einzelnen Parlamentariern, die alternative Lösungen aufzeigen wollen. Häufig sind jedoch die Ausschussfassungen bereits untereinander abgestimmt und so gefasst, dass in einer Abstimmung die „zweite Lesung" über den gesamten Gesetzentwurf beendet wird.

Zu einer **„dritten Lesung"** kann es nochmals kommen, wenn sich politischer Widerstand erkennbar formiert, so dass bestimmte Gruppen nur dann dem Gesetz zustimmen, wenn Bestandteile in ihrem Sinne verändert werden. Dies kann aus den Reihen der Opposition kommen, oder aus der Mitte der Ministerpräsidenten, die einen Einspruch des Bundesrates signalisieren oder auch von der Regierung bzw. den sie unterstützenden Fraktionen. Nach der dritten Lesung findet die **Schlussabstimmung** statt.

Unabhängig von der Zustimmungsbedürftigkeit des beschlossenen Gesetzes muss es dem **Bundesrat** zugeleitet werden, damit es zu Stande kommt. Dort wird das Gesetzgebungsverfahren weiter fortgesetzt. Siehe dazu Kapitel 4: Gesetzgebungsverfahren.

> Der Bundestag ist kein ewiges Organ, es gibt nur ein jeweils aktuelles Parlament. Mit Ende der Legislaturperiode beendet er seine Arbeit und alle Vorlagen und Projekte gelten als erledigt, unabhängig davon in welchem Stadium sie sich befinden. Dies wird als **Prinzip der Diskontinuität** bezeichnet. Politische Initiativen müssen im neuen Parlament neu eingebracht werden, wenn sie denn weiter betrieben werden wollen. Dies ist nicht immer selbstverständlich, da im neuen Bundestag andere politische Kräfte zusammen wirken. Eine Ausnahme sind Petitionsvorlagen, weil sie vom Bürger stammen und das Anliegen des Bürgers unabhängig von Wahlperioden ist.

Besonderheiten der Gesetzgebung in völkerrechtlichen Fragen

Völkerrechtliche Verträge enthalten Regeln, die sehr oft Bestandteil der nationalen, innerstaatlichen Ordnung werden sollen. Hierfür gibt es zwei Mechanismen – die **Inkorporation** und die **Transformation**. Im ersten Fall erfolgt die Überführung des völkerrechtlichen Regelwerks in das nationale Rechtssystem bereits mit ordnungsgemäßem Vertragschluss oder schlichter Ratifikation, so zum Beispiel in Großbritannien.

In Deutschland wird das Transformationsmodell praktiziert und zwar mit der Besonderheit, dass **es als Zustimmungsakt eines Vertragsgesetzes** bedarf, sofern der völkerrechtliche Vertrag Gesetzgebungsmaterie berührt. Ohne ein solches Gesetz darf der Bundespräsident den Vertrag nicht ratifizieren. Ist für die Umsetzung darüber hinaus der Erlass neuer Normen notwendig, erfolgt parallel die materielle Umsetzung auf Gesetzes- und Verordnungsebene. Da solche Elemente oft gesetzgebungstechnisch zusammengefasst werden, werden die Gesetze umgangssprachlich „Zustimmungsgesetze" genannt, dies sagt jedoch nichts über die Frage aus, ob der Bundesrat einer Umsetzung zustimmen muss.

Werden durch den Bund völkerrechtliche Verträge über Fragen geschlossen, die die besonderen Verhältnisse eines Landes betreffen, hat die Bundesregierung schon vor Vertragschluss dieses Land anzuhören und bei der politischen Willensbildung zu beteiligen. Auf den Bundesrat kommt es nicht an, da er Bundesorgan ist (Art. 32 II).

Budgetfunktion

Das Budgetrecht ist traditionell eines der wichtigsten Rechte des Parlamentes. Mittels des Budgetrechts definiert das Parlament, in welchen Gebieten der Bund Prioritäten setzen möchte und bindet damit die Regierung in erheblichem Maße. Budgetierung ist jedoch keine Gesetzgebung im engeren Sinne. Das Parlament kann sein Budgetrecht genau so gut durch schlichten Parlamentsbeschluss ausüben. Der Bundeshaushalt wird jedoch traditionell in Form eines **formellen Bundesgesetzes** – ohne Zustimmung des Bundesrates – beschlossen.

Genehmigung von Bundeswehreinsätzen

Nach ständiger Rechtsprechung des BVerfG darf gemäß Art. 24 die Bundeswehr außerhalb des NATO-Territoriums eingesetzt werden. Das Verfassungsgericht sieht aber einen **generellen Parlamentsvorbehalt** beim Einsatz der Bundeswehr, weshalb die Einsätze vom Bundestag genehmigt werden müssen; dies wird als Prinzip der Parlamentsarmee bezeichnet. Allenfalls bei **Gefahr im Verzug** kann die Bundesregierung eine **vorläufige** Entscheidung treffen, die nachträglich vom Parlament genehmigt werden muss. Seitdem wird jeder Einsatz der Bundeswehr, der von der Regierung beschlossen wird, in einem aus zwei Lesungen bestehenden Verfahren behandelt, analog zum Gesetzgebungsverfahren. Bei dieser Entscheidung ist keine Zustimmung des Bundesrats erforderlich. Es handelt sich hierbei um einen **schlichten Parlamentsbeschluss**.

Kontrollfunktion

Der Bundestag (Legislative) wählt nicht nur die Bundeskanzlerin, er kontrolliert sie auch; und mit ihr die gesamte Regierung (Exekutive). Dafür stehen dem Bundestag verschiedenste Möglichkeiten zur Verfügung.

Das „**Zitierrecht**" in Art. 43 I ermöglicht es dem Bundestag, die Anwesenheit jedes Mitglieds der Bundesregierung zu verlangen. Bundeskanzlerin und Bundesminister können sich dem nicht verweigern. Nach herrschender Ansicht müssen sie nicht nur erscheinen, sondern auch „Rede und Antwort stehen".

Durch das „**Interpellationsrecht**" erhält der Bundestag das Recht, **Anfragen an die Regierung** zu stellen. Die Interpellationsrechte sind in der GOBT ausgeführt:

aa) „**Große Anfragen**" einer Fraktion (§§ 100ff. GOBT) über ein politisches Themengebiet, über deren Antwort der Bundestag auch diskutiert;
bb) „**kleine Anfragen**" eines Abgeordneten (§ 104 GOBT) über eng begrenzte Sachverhalte, über deren Antwort in der Regel keine Debatte stattfindet;
cc) die „**Fragestunde**" des Parlaments (§ 105 GOBT), in der jeder Abgeordnete mündliche Fragen an die Regierung stellen darf.

Nach § 56 GOBT kann der Bundestag „**Enquete-Kommissionen**" einsetzen. Diese Kommissionen sollen Entscheidungen über umfangreiche und bedeutsame Themenkomplexe vorbereiten.
Schließlich darf der Bundestag auch **Untersuchungsausschüsse** einsetzen (Art. 44 I). Diese sollen Sachverhalte von öffentlichem Interesse aufklären (siehe unten „2. Untersuchungsausschüsse").

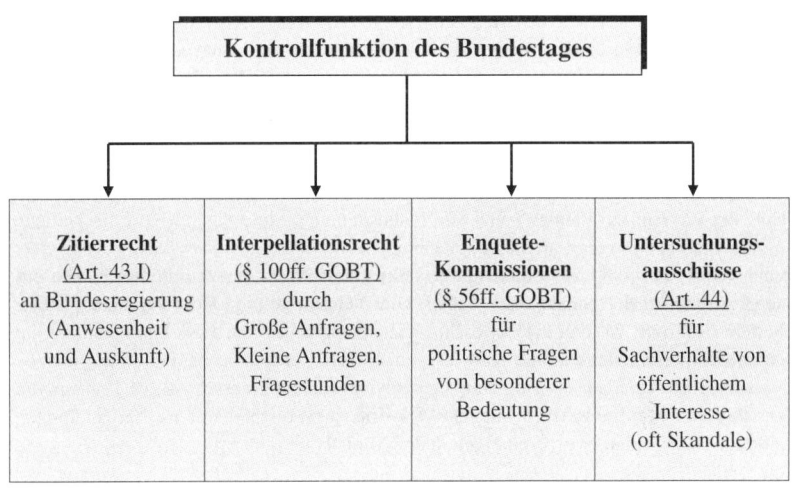

Kontrollfunktion des Bundestages

Zitierrecht (Art. 43 I) an Bundesregierung (Anwesenheit und Auskunft)	**Interpellationsrecht** (§ 100ff. GOBT) durch Große Anfragen, Kleine Anfragen, Fragestunden	**Enquete-Kommissionen** (§ 56ff. GOBT) für politische Fragen von besonderer Bedeutung	**Untersuchungs-ausschüsse** (Art. 44) für Sachverhalte von öffentlichem Interesse (oft Skandale)

2. Untersuchungsausschüsse

Der Bundestag kann im Rahmen seiner Kontrollfunktion „Untersuchungsausschüsse" einsetzen (**Art. 44 I**). Diese Ausschüsse sollen Sachverhalte von öffentlichem Interesse aufklären, z.B. Regierungshandeln oder Skandale einer Partei.

Fiktives Beispiel:
Die oppositionelle F-Fraktion, die 25 % der Abgeordneten im Bundestag stellt, will wissen, ob der Außenminister von geheimen CIA-Flügen über Deutschland gewusst habe. Außerdem interessieren sie sich für die Frage, ob der Minister M seiner Frau untreu ist. „Wer nicht mal seiner Frau treu sein kann, kann erst recht nicht seinem Land treu sein", schreibt die F-Fraktion. Deshalb beantragt sie einen Untersuchungsausschuss. Die Bundestagsmehrheit aus C- und S-Fraktion lehnt den Antrag ab.

Grundsätzlich gilt im Bundestag das Mehrheitsprinzip (Art. 42 II). Im fiktiven Fall könnte die Parlamentsmehrheit dann die Einsetzung eines ihr unangenehmen Untersuchungsausschusses ablehnen. Um dies zu verhindern, gilt in Art. 44 I ein besonderer **Minderheitenschutz**: Für die Einsetzung eines Untersuchungsausschusses bedarf es nur eines Viertels der Mitglieder im Bundestag.

Deshalb kommt im fiktiven Beispiel der Ausschuss über die Frage der geheimen CIA-Flüge auch ohne die Stimmen der C- und S-Fraktion zustande.

Weiterhin muss sich ein **Ausschussthema** immer mit Sachverhalten befassen, die im Zuständigkeitsbereich des Bundestages liegen. Dies nennt man die „**Korollartheorie**". Das Eheleben des Ministers M liegt evident nicht im Zuständigkeitsbereich des Parlaments, es ist vielmehr höchstpersönlich. Deshalb hätte der im fiktiven Beispiel genannte Antrag der F-Fraktion keinen Erfolg. Ebenso wenig zulässig sind Untersuchungsausschüsse zu Themen, die im „**Kernbereich der Exekutiven**" liegen. Das sind zum Beispiel interne Verhandlungen oder laufende Entscheidungsvorbereitungen in den Ministerien.

Die **Mitglieder** von Untersuchungsausschüssen sind Bundestagsabgeordnete. Die Mehrheit im Parlament spiegelt sich auch im Ausschuss wieder. Deshalb haben die Mehrheitsfraktionen immer auch eine Mehrheit im Untersuchungsausschuss.

Die Untersuchungsausschüsse dürfen **Zeugen vernehmen** und **Beweise erheben**. Hier hat wiederum auch die Minderheit ein Beweiserhebungsrecht, solange sie den Ausschuss nicht unnötig verschleppt. Konflikte darüber entscheidet das Bundesverfassungsgericht im Wege des Organstreitverfahrens.

Grundsätzlich handeln die Untersuchungsausschüsse **öffentlich** (Art. 44 I). Das Untersuchungsverfahren endet regelmäßig mit Erfüllung des Auftrags, spätestens aber zum Ende der Legislaturperiode. Der Ausschuss legt einen **Abschlußbericht** vor. Jedes Ausschussmitglied, das sich nicht mit dem Bericht identifizieren kann, darf einen Minderheitenbericht anfügen. Dieser Minderheitenbericht heißt „Sondervotum".

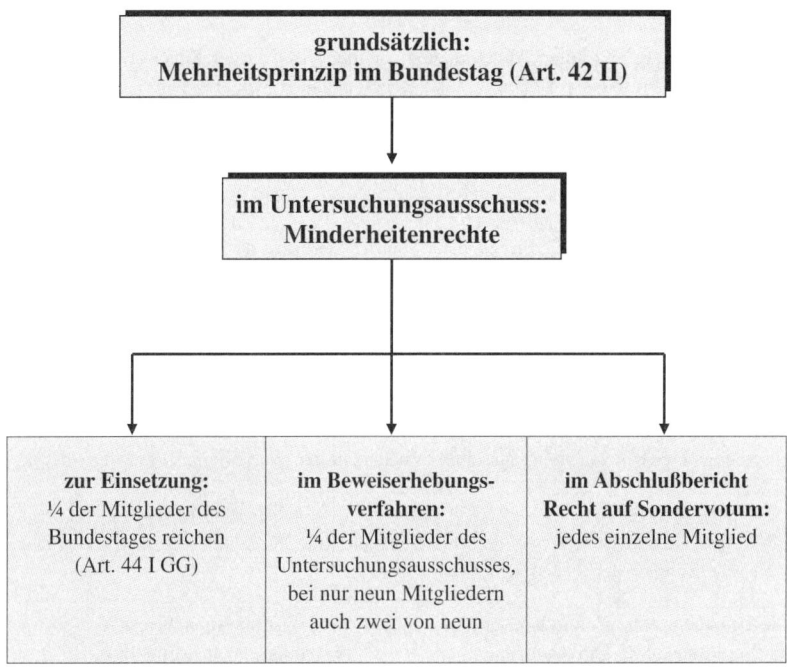

grundsätzlich:
Mehrheitsprinzip im Bundestag (Art. 42 II)

im Untersuchungsausschuss:
Minderheitenrechte

| **zur Einsetzung:** ¼ der Mitglieder des Bundestages reichen (Art. 44 I GG) | **im Beweiserhebungs- verfahren:** ¼ der Mitglieder des Untersuchungsausschusses, bei nur neun Mitgliedern auch zwei von neun | **im Abschlußbericht Recht auf Sondervotum:** jedes einzelne Mitglied |

Beispiele für Untersuchungsausschüsse:

17. Wahlperiode des Bundestages (2009 – 2013):

a) Der Deutsche Bundestag hat auf Antrag der Abgeordneten der SPD, der Linken und der Fraktion Bündnis 90/Die Grünen am 26. März 2010 einen **Untersuchungsausschuss zu Gorleben** eingesetzt. Das Gremium soll die Umstände klären, unter denen die Regierung von Bundeskanzler Dr. Helmut Kohl im Jahr 1983 entschieden hatte, nur den Salzstock im niedersächsischen Gorleben auf eine Eignung für die Endlagerung von Atommüll zu prüfen.

b) Der **Verteidigungsausschuss** hat sich im Dezember 2009 als Untersuchungsausschuss konstituiert (gemäß Art. 45 a II). Er hat die Aufgabe, den **Luftangriff auf zwei von Taliban entführte Tanklastwagen am 3./4. September 2009 in Kundus/Afghanistan**, die diesbezügliche Aufklärungs- und Informationspraxis der Bundesregierung sowie die Vereinbarkeit der gewählten Vorgehensweise mit nationalen und multinationalen politischen, rechtlichen und militärischen Vorgaben für den Einsatz in Afghanistan zu untersuchen.

3. Organisation des Bundestages

Die in den Bundestag gewählten Abgeordneten schließen sich in der Regel zu **Fraktionen** zusammen. Diese Fraktionen heißen in der Regel genauso wie die Partei, aus der die Abgeordneten kommen. Trotzdem müssen Partei und Fraktion staatsrechtlich genau unterschieden werden. Der *Parteivorsitzende* darf nicht mit dem *Fraktionsvorsitzenden* verwechselt werden.

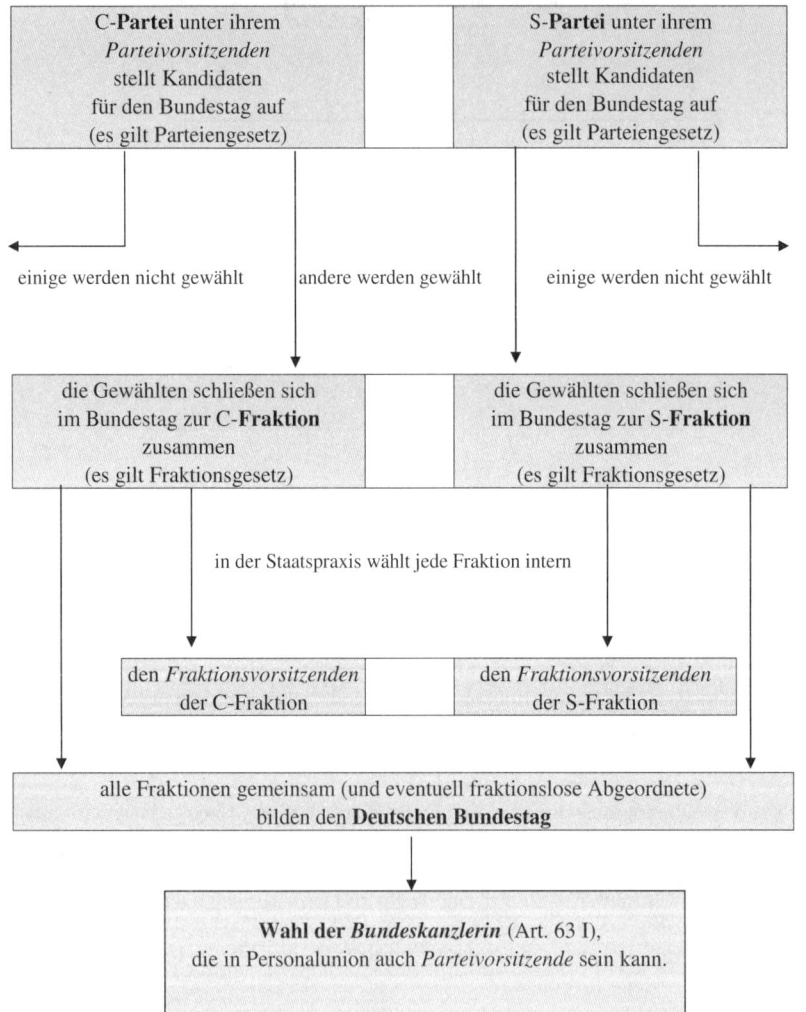

Der Bundestag wählt weiterhin einen **Bundestagspräsidenten** (Art. 40 I, derzeit: Norbert Lammert, CDU). Seine Aufgabe ist die Leitung der Sitzungen. In der Staatspraxis schlägt die größte Fraktion den Präsidenten vor, auch wenn sie nicht an der Regierung beteiligt sein sollte. Das **Präsidium** (§ 8 I GOBT) des Bundestages besteht aus diesem Bundestagspräsidenten und seinen Stellvertretern. Jede Fraktion hat Anspruch auf einen Stellvertreterposten.

Davon zu unterscheiden ist der **Alterspräsident**. Das ist der älteste Abgeordnete, der ins Parlament gewählt wurde. Er eröffnet die erste Sitzung und leitet sie bis zur Wahl eines Bundestagspräsidenten. Der Bundestag setzt weiterhin **Ausschüsse** ein, die den Bundestag beraten und seine Beschlüsse vorbereiten.

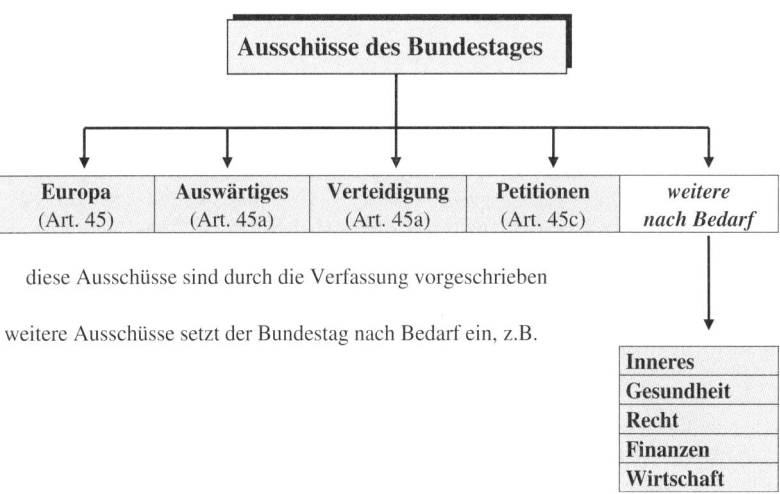

diese Ausschüsse sind durch die Verfassung vorgeschrieben

weitere Ausschüsse setzt der Bundestag nach Bedarf ein, z.B.

Alle Fraktionen stellen einen oder mehrere Vorsitzende in Ausschüssen. Die **Besetzung** erfolgt spiegelbildlich zum Bundestag: Die Mehrheitsfraktionen haben auch eine Mehrheit im Ausschuss. **Fraktionslose Abgeordnete** dürfen in den Ausschüssen mitwirken. Allerdings haben sie dort kein Stimmrecht. Ausschüsse tagen in der Regel **nicht öffentlich**. Das soll der Kompromissfindung dienen, die leichter fällt, wenn keine Seite einen Gesichtsverlust in der Öffentlichkeit befürchten muss.

4. Die Rechtsstellung des einzelnen Abgeordneten

Die Abgeordneten des Bundestages genießen besondere Rechte. Diese Rechte sind im Grundgesetz festgeschrieben.

Das freie Mandat

Die Abgeordneten sind gemäß Art. 38 I 2 Vertreter des ganzen Volkes, an Aufträge und Weisungen nicht gebunden und nur ihrem Gewissen unterworfen. Damit wird das sogenannte „**freie Mandat**" umschrieben.

Andererseits sind Abgeordnete auch Partei- und in der Regel auch Fraktionsmitglieder. Zwar ist ein „**Fraktionszwang**" in Form der Disziplinierung von Abgeordneten nicht erlaubt. Allerdings kann es „sanften Druck" geben: Abgeordnete, die des öfteren gegen ihre eigene Fraktion stimmen, werden wohl nicht mehr von ihrer Partei für den Bundestag nominiert.

Dieses Verhalten der Parteien ist **berechtigt**, wenn sich der Abgeordnete zu sehr von ihren Inhalten und auch dem Wählervotum entfernt hat. Die Wähler machen ihre Wahlentscheidung meist von einer Partei, nicht von einer Person abhängig. Daher dürfen sie erwarten, dass die von der Partei nominierte Person auch die vor der Wahl vertretenen Positionen unterstützt.

Indemnität

Abgeordnete dürfen aufgrund der in **Art. 46 I** normierten Indemnität nicht für **Äußerungen**, die sie im Bundestagsplenum oder den Ausschüssen gemacht haben, rechtlich verfolgt werden.

Der Abgeordnete soll nicht fürchten müssen, durch politische Äußerungen, Übertreibungen, Zuspitzungen u.ä. straf- oder zivilrechtlich verfolgt zu werden. Eine solche Verfolgung würde seine Arbeit behindern und den verfassungsmäßigen Auftrag des Parlaments behindern.

Die „Indemnität" gilt ausdrücklich nicht für Verleumdungen (Art. 46 I 2).

Immunität

Die Immunität schützt den Abgeordneten **insgesamt für alle Tätigkeiten** vor strafrechtlicher Verfolgung – also nicht nur bei Äußerungen im Bundestag (Art 46 II). Dagegen bietet die Immunität keinen Schutz vor zivilrechtlichen Ansprüchen.

Der Bundestag kann die Immunität eines Abgeordneten aufheben. Damit wird Strafverfolgung ermöglicht auch für Taten, die während der Immunität begangen wurden.

Anspruch auf angemessene Entschädigung

Abgeordnete bekommen weder Lohn noch Gehalt. Art. 48 III, §§ 11ff. AbgG gewährt ihnen aber einen „Anspruch auf angemessene, ihre Unabhängigkeit sichernde Entschädigung". Die Entschädigung beträgt 7009 Euro (steuerpflichtig), sie wird jährlich angepasst (vgl. zum Verfahren § 30 AbgG). Hinzu kommt eine nicht steuerpflichtige Aufwandsentschädigung gemäß § 12 AbgG. Als erster Abgeordneter macht Hubert Hüppe (CDU) sein Einkommen auf *www.huberthueppe.de* transparent und öffentlich. Nun ist eine Diskussion über die **Neuregelung** der Diäten entbrannt. Danach sollen Abgeordnete in Zukunft selbst für die Altersversorgung aufkommen und dafür – im Gegenzug – eine höhere Aufwandsentschädigung bekommen.

Die Gehaltssteigerungen orientieren sich nach der Besoldung von Richtern. Neben der Entschädigung dürfen alle Abgeordneten kostenfrei telefonieren, die Bahn AG auf Inlandsfahrten nutzen, Inlandsflüge antreten und auf die Fahrbereitschaft des Bundestages zurückgreifen. Ihnen stehen auch Bibliothek und wissenschaftlicher Dienst zur Verfügung.

Anspruch auf Redezeit im Bundestag

Abgeordnete haben Anspruch auf Redezeit im Bundestagsplenum (aus Art. 38 I). Allerdings wird sie im Sinne der Funktionsfähigkeit des Parlaments begrenzt. Die einzelnen Fraktionen erhalten Kontingentierungen an Redezeit. Große Fraktionen dürfen länger sprechen als kleine Fraktionen oder fraktionslose Abgeordnete.

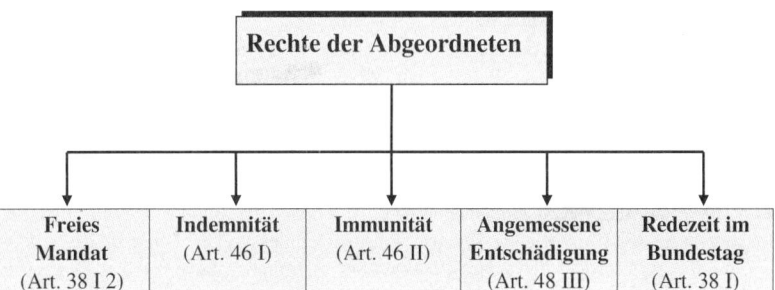

Freies Mandat (Art. 38 I 2)	Indemnität (Art. 46 I)	Immunität (Art. 46 II)	Angemessene Entschädigung (Art. 48 III)	Redezeit im Bundestag (Art. 38 I)

Pflichten der Abgeordneten

Da der Abgeordnete kein Amtsträger im Sinne eines Beamten ist, unterliegt er keinen besonderen Pflichten. Allerdings stellt der Bundestag gemäß § 44a AbgG **„Verhaltensregeln"** für Abgeordnete auf. Darin ist z.B. geregelt, dass jeder die Höhe seiner Einkünfte offen legen muss, wenn diese eine bestimmte Höhe überschreiten. Auch die Annahme größerer Spenden ist bekannt zumachen.

Übungsfall 3:

Der Abgeordnete Kristian Kritik (K) erklärt im Bundestag: „Die Bundesregierung ist am Ende. Das sieht man schon daran, dass Finanzminister Sigi Spar (S) auf einen Posten bei der Deutschen Bank wechseln will. Selbst Sigi Spar hat also kein Vertrauen mehr in die Politik der Bundeskanzlerin!"

Sigi Spar möchte diese Kritik nicht auf sich sitzen lassen. Er will eine Unterlassungsklage gegen K anstrengen. Der Vorstandsvorsitzende der Deutschen Bank, Peter Peanut (P), dementiert eine Anwerbung des Finanzministers. Um die „absurde Falschmeldung des K richtig zu stellen" will er selbst vor dem Bundestag sprechen.

Schließlich verlangt die Z-Fraktion, die bei der letzten Wahl 7 % bekommen hat, die Einrichtung eines Untersuchungsausschusses mit dem Thema: „Wechselpläne des Finanzministers". Die anderen Fraktionen sind gegen einen solchen Ausschuss.

Wer wird mit seinem Begehren Erfolg haben ?

Fragen des Rechtsschutzes sind nicht zu erörtern! (Also: kein Verfahren, keine Zulässigkeit prüfen).

Falllösung

Fraglich ist, ob die einzelnen Begehren Erfolg haben könnten. Dazu müssten sie begründet sein.

1. Unterlassungsklage des S gegen K

S könnte eine Unterlassungsklage gegen K anstrengen. Allerdings ist K Abgeordneter des Bundestages. Er genießt die in Art. 46 I garantierte Indemnität. Diese schützt ihn vor zivilrechtlichen Ansprüchen. Folglich kann S keine Unterlassungsklage gegen K anstrengen.

2. Wunsch des P auf Rederecht im Bundestag

Fraglich ist, ob P im Bundestag reden dürfte, um die Angaben des K zu korrigieren. Ein Rederecht im Bundestag haben nur Abgeordnete, Mitglieder der Bundesregierung und des Bundesrates (Art. 43 II) sowie in seltenen Ausnahmefällen – bei Feierstunden u.ä. – ausländische Staatsgäste oder besondere Personen des öffentlichen Lebens. Deshalb kann P kein Rederecht im Bundestag verlangen.

3. Antrag auf Einsetzung eines Untersuchungsausschusses

Zuletzt könnte die Z-Fraktion einen Untersuchungsausschuss einsetzen. Für die Einsetzung müssen mindestens ein Viertel der Mitglieder des Bundestags stimmen (Art. 44 I). Die Z-Fraktion stellt mit einem Wähleranteil von 7 % weniger als ein Viertel der Abgeordneten. Alleine kann sie folglich keinen Untersuchungsausschuss einrichten.

§§§§§§§§§§§§§§§§§§§§§§

Übungsfall 4:

Die Bundestagsfraktion der X-Partei beschließt, ein zur Zeit im Bundestag kurz vor der 3. Lesung stehendes Gesetz abzulehnen. Sie weist ihre Mitglieder besonders auf die Pflicht hin, in dieser Frage nach außen hin als eine Einheit aufzutreten und keinesfalls ihre Stimme für das Gesetz abzugeben. Der sonst nicht als Abweichler bekannte Abgeordnete A dieser Fraktion, der über die Landesliste Niedersachsen in den Bundestag kam, kündigt an, er werde trotzdem *für* das Gesetz stimmen. Der Fraktionsvorsitzende F droht ihm an, er werde dann aus der Partei und/oder Fraktion ausgeschlossen. Außerdem weist F auf eine seinerzeit freiwillig von A unterschriebene Erklärung hin, wonach er – A – sich stets den Mehrheitsbeschlüssen der Fraktion beugen oder andernfalls sein Mandat niederlegen werde. Sollte A für das Gesetz stimmen, könne er damit rechnen, den Bundestag verlassen zu müssen. A will mit dieser Erklärung nichts mehr zu tun haben.

Wären die von F angedrohten Sanktionen rechtmäßig?

Falllösung

Die von F angedrohten Sanktionen müssten rechtmäßig sein.

a) Ausschluss des A aus der X-Partei aufgrund abweichenden Stimmverhaltens?

Fraglich ist, ob A aus der X-Partei aufgrund eines abweichenden Stimmverhaltens im Bundestag ausgeschlossen werden kann.

aa) Grundsätzlich ist ein Ausschluss aus einer Partei nach §§ 6 II Nr. 4, 10 III-V PartG möglich.

bb) Nach § 10 IV PartG ist ein schwerer Schaden für die Partei dafür Voraussetzung. Einen solchen Schaden wird man wegen Art. 38 I 2 in abweichendem Abstimmungsverhalten regelmäßig nicht sehen können; nur bei besonderem Präzedenzfall oder in Fragen von überragender Grundsätzlichkeit wäre eine schwere Parteischädigung denkbar. Ein solcher Fall ist aber nicht ersichtlich. Folglich ist ein schwerer Schaden zu verneinen. § 10 IV PartG liegt damit nicht vor.

Folglich kann A nicht aus der X-Partei aufgrund seines abweichenden Stimmverhaltens im Bundestag ausgeschlossen werden.

b) Ausschluss des A aus der Fraktion aufgrund abweichenden Stimmverhaltens?

Weiterhin ist fraglich, ob A aus seiner Fraktion aufgrund des abweichenden Stimmverhaltens ausgeschlossen werden könnte.

aa) Fraktionen sind Zusammenschlüsse von Abgeordneten, die gemeinsame Anschauungen teilen. Sie werden im GG nur in Art. 53 a I 2 genannt, ihre Bildung ist also nicht vorgeschrieben. Abgeordnete können auch fraktionslos bleiben, ihre Statusrechte sind dadurch nicht berührt, vgl. Art. 48 II 1. Folglich besteht eine Vereinigungsfreiheit zum Zusammenschluss, ebenso muss eine Freiheit zum Ausschluss von Mitgliedern bestehen, wenn die Gemeinsamkeitsbasis zerstört ist.

bb) Im vorliegenden Fall müsste die Gemeinsamkeitsbasis zerstört sein. Daran bestehen Zweifel, wenn nur einmal entgegen der Fraktion abgestimmt wird. A ist sonst nicht als Abweichler bekannt. Auch hat F nicht versucht, den A argumentativ umzustimmen und auf die Fraktionsdisziplin hinzuweisen. Für A ist die Mitgliedschaft in der Fraktion mit Privilegien, wie dem Stimmrecht im Ausschuss, verbunden. Folglich müsste ein Ausschluss verhältnismäßig sein. Dies wäre der Fall, wenn die Ansichten zwischen A und der Fraktion in mehreren Punkten gegenläufig sind oder ein Entfremdungsprozess eingesetzt hätte. Das liegt nicht vor. Die Gemeinsamkeitsbasis ist nicht zerstört. Damit wäre ein Ausschluss des A unverhältnismäßig.

A kann nicht aufgrund seines Stimmverhaltens aus der Fraktion ausgeschlossen werden (andere Ansicht bei guten Argumenten vertretbar).

c) Rechtmäßigkeit der Verpflichtungserklärung zur Mandatsniederlegung?

Die von A abgegebene Erklärung, er werde bei abweichendem Stimmverhalten den Bundestag verlassen, ist nicht mit dem freien Mandat aus Art. 38 I 2 vereinbar. Danach ist A nicht an Weisungen, sondern nur seinem Gewissen unterworfen. Es steht A natürlich frei, eine Verzichtserklärung für den Einzelfall abzugeben. Eine „Blanko"-Ermächtigung reicht nicht. Hier will A von der seinerzeit freiwillig unterschriebenen Erklärung nichts mehr wissen. Folglich hat er seine damalige Erklärung nicht aktualisiert und auch keine neue abgegeben. Damit kann F den A nicht zur Mandatsniederlegung aufgrund der Verpflichtungserklärung zwingen.

Gesamtergebnis: Alle von F angedrohten Sanktionen sind rechtswidrig.

§§§§§§§§§§§§§§§§§§§§

Übungsfall 5:

Der Bundestag hat mit knapper Mehrheit ein Gesetz beschlossen, das „die parlamentarische Arbeit im Bundestag auf eine neue, zeitgemäße Grundlage" stellen soll. Unter anderem wird durch ein § 47 a in das Bundeswahlgesetz eingefügt, der folgenden Wortlaut hat:

„(1) Ein Abgeordneter, der Mitglied der Bundesregierung ist, kann zur Niederschrift des Präsidenten des Bundestages erklären, dass sein Mandat für die Dauer seiner Amtszeit ruhen soll. Die Erklärung ist unwiderruflich.

(2) Während seiner Amtszeit als Mitglied der Bundesregierung übt für den Abgeordneten der nach § 46 nächstberufene Bewerber das Mandat aus.

(3) Lehnt ein Bewerber die Ausübung des Mandats ab, so scheidet er auch für die Nachfolge (§ 48 I) aus.

(4) Scheidet im Falle des Ruhens der Abgeordnetenmandate mehrerer Mitglieder der Bundesregierung ein Mitglied aus der Bundesregierung mit der Maßgabe aus, dass das Ruhen seines Mandats endet, so tritt von mehreren aus einer Landesliste zur Ausübung des Mandats berufenen Bewerbern derjenige zurück, der als letzter berufen worden war.

(5) Das Ruhen eines Abgeordnetenmandats, seine Ausübung durch einen nachfolgenden Bewerber, das Ende des Ruhens und das Zurücktreten eines Bewerbers werden vom Landeswahlleiter festgestellt."

Bundesminister M, der selber nicht zugleich Bundestagsabgeordneter ist, teilt die verfassungsrechtlichen Bedenken vieler Abgeordneter gegen die Neuregelung. Er hält insbesondere die Wahlrechtsgrundsätze der Verfassung und das freie Mandat für verletzt. Er fordert von Ihnen ein Gutachten über die Rechtmäßigkeit der Gesetzesnovelle.

Falllösung

Der geplante § 47 a BWG könnte gegen verschiedene Bestimmungen der Verfassung verstoßen.

a) Verstoß gegen einen Wahlrechtsgrundsatz in Art. 38 I 1

Es könnte ein Verstoß gegen einen Wahlrechtsgrundsatz in Art. 38 I 1 vorliegen, wenn der Nachberufene sein Mandat je nach Entscheidung des Ministers erhalten und wieder verlieren kann.

aa) „Gleichheit der Wahl": Es könnte ein Verstoß gegen den Grundsatz der Gleichheit der Wahl vorliegen. Gleichheit ist gegeben, wenn jede Stimme gleichwertiges Gewicht erhält und dieselbe Chance hat. Die unbedingte Zählwertgleichheit ist hier nicht beeinträchtigt. Es könnte aber eine Beeinträchtigung des Erfolgswertes gegeben sein. Jedoch scheidet beim Nachrücken eines Bewerbers von der Landesliste ein bestehendes Mitglied im Bundestag aus. Damit kommt die Partei nicht doppelt zum

Zuge. Der Erfolgswert ist nicht beeinträchtigt. Es liegt damit kein Verstoß gegen den Grundsatz der „Gleichheit der Wahl" vor.

bb) „Unmittelbarkeit der Wahl": Es könnte ein Verstoß gegen den Grundsatz der Unmittelbarkeit der Wahl vorliegen. Unmittelbarkeit liegt nur dann vor, wenn keine dritte Willensentscheidung zwischen Wähler und Mandatsgewinn des konkreten Kandidaten tritt. Hier entscheidet über Entstehen und Erlöschen des Mandats des Ersatzabgeordneten der Minister. Dies ist insoweit unbedenklich, wenn er endgültig als Abgeordneter ausscheidet (vgl. §§ 45, 46 I 4, 48 I 1 Bundeswahlgesetz). Hier kann der Minister das Ersatzmandat des Nachrückers aber auch zum Erlöschen und sein eigenes zum Wiederaufleben bringen. Darin liegt ein Verstoß gegen den Grundsatz der Unmittelbarkeit der Wahl.

Damit liegt ein Verstoß gegen den Grundsatz der Unmittelbarkeit der Wahl in Art. 38 I 1 vor.

b) Verstoß gegen die Abgeordnetengleichheit aus Art. 38 I 1, 2
Es könnte weiterhin ein Verstoß gegen die Abgeordnetengleichheit aus Art. 38 I 1, 2 vorliegen. Die Möglichkeit der Mandatsruhe für Minister haben nur Regierungsfraktionen. Damit könnten andere Fraktionen benachteiligt sein.

aa) Die absolute Gleichheit aus Art. 38 I 1, 2 ist nur aus vernünftigen, sich aus der Natur der Sache ergebenden Gründen modifizierbar. Das Anliegen, auch einer Nichtregierungsfraktion die faktisch gleiche Möglichkeit einzuräumen, einen Abgeordneten in Regierungsämter des Bundes, der Länder oder in Europa eintreten zu lassen, kann ein solch „vernünftiger Grund" sein. Ihnen wird dieses Recht aber nicht eingeräumt. Daher ist das Gleichheitsgebot aus Art. 38 I 1, 2 verletzt (andere Ansicht vertretbar).

bb) Der Ersatzabgeordnete ist im Fortbestand seines Mandats nicht so gestellt, das heißt nicht so abgesichert, wie die anderen Mandatsträger. Sein Mandat hängt allein von der Entscheidung des Ministers ab, wieder Abgeordneter werden zu wollen. Damit liegt eine Ungleichheit im Sinne des Art. 38 I 1, 2 vor.

Es liegt also ein Verstoß gegen die Abgeordnetengleichheit aus Art. 38 I 1, 2 gegeben.

c) Verstoß gegen freies Mandat, Art. 38 I 2
Zuletzt könnte auch ein Verstoß gegen das freie Mandat in Art. 38 I 2 vorliegen. Der nachrückende Abgeordnete ist in seinen Entscheidungen nicht frei,

→ wenn die Unsicherheit über den Fortbestand seines Mandats eine weitergespannte als die rein gegenwärtige Entscheidungsperspektive bei Sachfragen nicht zulässt,

→ wenn er befürchten muss, bei einem Unliebsamwerden durch (eventuell parteiraisongesteuerte) Wiederaufnahmeerklärung des Ministers das Mandat verlieren zu können. Beides liegt vor. Damit ist die Mandatsausübung des A behindert, Art. 48 II. Im Übrigen wäre der nachgerückte Abgeordnete bei Abstimmungen über einen Vertrauensantrag der Regierung notwendigerweise befangen, da die Ablehnung sein Mandat kosten kann.

Es liegt also auch ein Verstoß gegen das freie Mandat in Art. 38 I 2 vor.

Ergebnis: Damit verstößt der geplante § 47 a BWG gegen den Grundsatz der Unmittelbarkeit der Wahl in Art. 38 I 1, gegen die Abgeordnetengleichheit aus Art. 38 I 1, 2 und das freie Mandat in Art. 38 I 2.

§§§§§§§§§§§§§§§§§§§§§§§

Wiederholungsfragen zum Bundestag

1.	Was ist der Unterschied zwischen Bundestag und Reichstag?	Das Staatsorgan heißt Bundestag, es tagt im Gebäude Reichstag in Berlin.
2.	Wer wählt die Bundesminister?	Niemand. Sie werden vom Bundespräsidenten auf Vorschlag der Bundeskanzlerin ernannt (Art. 64 I).
3.	Erklären Sie den Unterschied von Richterwahlausschuss und Wahlmännerausschuss!	Richterwahlausschuss = Wahl der obersten Bundesrichter (z.B. BGH-Richter). Wahlmännerausschuss = Wahl der Bundesverfassungsrichter.
4.	Was ist das „Zitierrecht"?	Das in Art. 43 I geregelte Recht des Bundestags, Mitglieder der Bundesregierung ins Parlament zu „zitieren" (= bestellen).
5.	Wo sind die Interpellationsrechte geregelt (z.B. Große Anfragen)?	In der Geschäftsordnung des Bundestages (GOBT).
6.	Wie vieler Abgeordneter bedarf es mindestens um einen Untersuchungs-Ausschuss zu beantragen?	Ein Viertel der Mitglieder des Bundestages (Art. 44 I).
7.	Wer steht dem Präsidium des Bundestages vor?	Der Bundestagspräsident.
8.	Wie heißt das Recht, als Abgeordneter nur seinem Gewissen unterworfen zu Sein?	„Freies Mandat" (Art. 38 I 2).
9.	Was ist „Immunität"?	Schutz vor Strafverfolgung (Art. 46 II).
10.	Wer darf die Immunität eines Abgeordneten aufheben?	Der Bundestag.

II. Bundesrat

Art. 50 bestimmt, dass die Länder durch den Bundesrat bei der Gesetzgebung und Verwaltung des Bundes und in Angelegenheiten der Europäischen Union mitwirken. Der Bundesrat stellt eine **Vertretung der 16 Bundesländer** dar. Die Mitglieder des Bundesrats sind nicht direkt vom Volk gewählt. Sie werden vielmehr von den einzelnen Landesregierungen bestimmt.

1. Zusammensetzung

Deshalb besitzen die Mitglieder des Bundesrates **kein freies Mandat**. Sie sind lediglich Vertreter ihrer Länder. In der Staatspraxis sind dies oft die Ministerpräsidenten oder Bürgermeister sowie Landesminister oder Senatoren. Die **Stimmenzahl je Land** richtet sich nach seiner **Einwohnerzahl**.

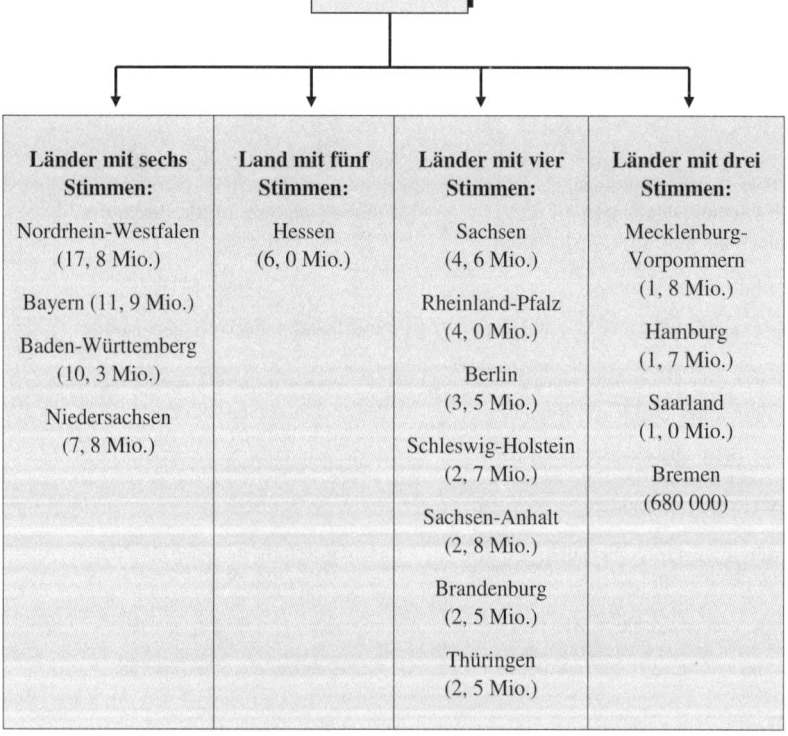

Länder mit sechs Stimmen:	**Land mit fünf Stimmen:**	**Länder mit vier Stimmen:**	**Länder mit drei Stimmen:**
Nordrhein-Westfalen (17, 8 Mio.)	Hessen (6, 0 Mio.)	Sachsen (4, 6 Mio.)	Mecklenburg-Vorpommern (1, 8 Mio.)
Bayern (11, 9 Mio.)		Rheinland-Pfalz (4, 0 Mio.)	Hamburg (1, 7 Mio.)
Baden-Württemberg (10, 3 Mio.)		Berlin (3, 5 Mio.)	Saarland (1, 0 Mio.)
Niedersachsen (7, 8 Mio.)		Schleswig-Holstein (2, 7 Mio.)	Bremen (680 000)
		Sachsen-Anhalt (2, 8 Mio.)	
		Brandenburg (2, 5 Mio.)	
		Thüringen (2, 5 Mio.)	

Bevölkerungsreiche Länder wie Nordrhein-Westfalen sind im Bundesrat unterrepräsentiert. Diese Einschränkung des Demokratieprinzips wird durch die Geltung des Bundesstaatsprinzips und die Stellung des Bundesrates als **föderatives Organ** ermöglicht. Kleinen Bundesländern wie Bremen soll die Unterwerfung unter den Bundesstaat erleichtert werden.

Die **Stimmen** eines jeden Landes im Bundesrat müssen **einheitlich abgegeben** werden. Ein „Stimmensplitting" ist nicht zulässig und führt zur Ungültigkeit aller Stimmen des Bundeslandes. Jede Landesregierung muss sich über ihr Votum vorab einigen. Die Stimmabgabe erfolgt über das **Handzeichen eines Stimmenführers**.

Der Bundesrat bildet Ausschüsse, die jedoch nur vorbereitende Funktion, keine Beschlussfunktion haben. Die **Präsidentschaft** wechselt jährlich in einer vorab festgelegten Reihenfolge.

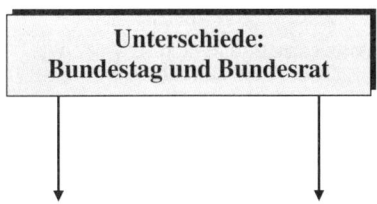

Unterschiede: Bundestag und Bundesrat	
Die Mitglieder sind direkt vom Volk gewählte Abgeordnete	Mitglieder sind die 16 Bundesländer
Freies Mandat aus Art. 38 I 2	Stimmführer ist Vertreter des Landes
Alle 4 Jahre eine Wahl (regulär)	Bundesrat tagt kontinuierlich, die Stimmführer eines Landes wechseln nach einer Landtagswahl
Präsident wird auf vier Jahre gewählt	Präsidentschaft wechselt jährlich nach Plan
Geregelt in Art. 38ff., GOBT	Geregelt in Art. 50ff., GOBR

2. Aufgaben und Funktionen

Der Bundesrat übt sein Mitwirkungsrecht vor allem im Gesetzgebungsverfahren aus (Art. 76 ff.), siehe im 4. Kapitel. Er kann als Bundesorgan Antragsteller und -gegner im Organstreitverfahren sein. Die Aufgaben des Bundesrates werden in den nächsten Jahren zurückgehen, da inzwischen viele Regelungen von der Europäischen Union (EU) getroffen werden.

Sitz des Bundesrates ist Berlin.

Informationen unter www.bundesrat.de

3. Demokratische Legitimationskette

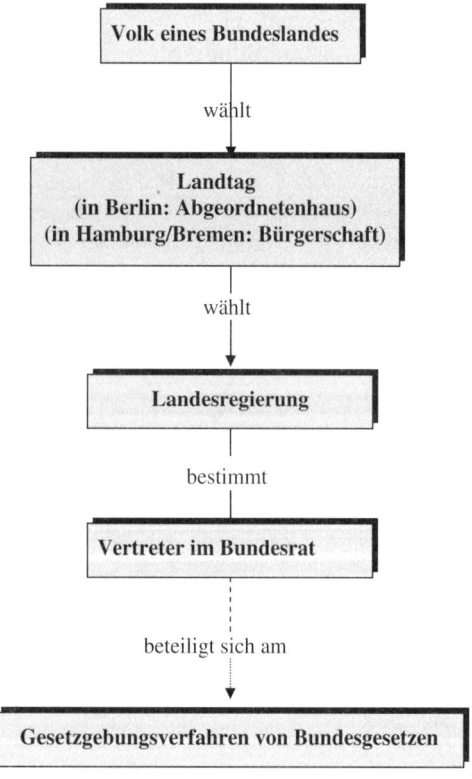

Übungsfall 6:

Vor wenigen Jahren hatte der Bundestag mit seiner Mehrheit aus SPD und Bündnis 90/Die Grünen die Rentenreform bereits verabschiedet, als noch der Bundesrat zustimmen musste. Die damalige SPD/Linke-Regierung des Landes Mecklenburg-Vorpommern einigte sich aufgrund unterschiedlicher Ansichten zur Reform auf eine Enthaltung im Bundesrat. Eine Enthaltung bedeutet de facto eine Ablehnung, da eine Mitgliedermehrheit erforderlich ist (siehe zu den Mehrheitsbegriffen Seite 24).

Trotz der Vereinbarung votierte im Bundesrat der Stimmenführer des Landes Mecklenburg-Vorpommern, hier der Ministerpräsident (SPD), *für* die Reform. Ist diese Abstimmung gültig und der Beschluss des Bundesrates wirksam?

Falllösung

Der Beschluss des Bundesrates könnte unwirksam sein, wenn der Stimmenführer des Landes Mecklenburg-Vorpommern gegen eine rechtswirksame Weisung der Landesregierung verstoßen hatte und dies zur Ungültigkeit der Abstimmung führt.

1. Weisungsbefugnis

Die Weisungsbefugnis der Landesregierung gegenüber ihren Bundesratsmitgliedern folgt aus Art. 51 III 2: Eine einheitliche Stimmabgabe ist nur nach vorheriger Einigung möglich.

Ein weiteres Argument für die Weisungsbefugnis ist der Umkehrschluss aus Art. 53a I 3 und Art. 77 II 3. Dort wird explizit festgelegt, dass die Ländervertreter *nicht* an Weisungen gebunden sind. Für den vorliegenden Fall wurde dies nicht geregelt. Folglich ist eine Weisungsgebundenheit anzunehmen.

Der Stimmenführer hat also gegen eine rechtswirksame Weisung verstoßen.

2. Ungültigkeit der Abstimmung

Fraglich ist, ob dies zur Ungültigkeit der gesamten Abstimmung führt.

a) Einerseits wurde das Land nicht richtig vertreten, der Wille der Landesregierung verfälscht. Damit könnte die Ungültigkeit zu bejahen sein.

b) Andererseits betrifft die Abstimmung das *rechtliche Außenverhältnis* des Landes. Die Auswirkungen von Fehlern im landesrechtlichen Innenverhältnis muss das Land selber tragen. Die Rechtssicherheit für die anderen Länder muss vorgehen. Andernfalls könnte jedes Land nach einer Abstimmung behaupten, ihr Stimmenführer hätte sich falsch verhalten. Damit stünde jede Entscheidung des Bundesrates zur Disposition. Da dies nicht sein kann, ist auf das *tatsächliche Verhalten* abzustellen.

Die Abstimmung führt also nicht zur Ungültigkeit, der Beschluss des Bundesrates ist wirksam. (So war es auch im tatsächlichen Fall vor wenigen Jahren.)

§§§§§§§§§§§§§§§§§§§§§§

Wiederholungsfragen zum Bundesrat

1. Wie viele Mitglieder hat der Bundesrat?

   Sechzehn (alle Länder).

2. Wie viele Stimmen hat jedes Land im Bundesrat?

   Das kommt auf seine Einwohnerzahl an: Zwischen 3 und 6 Stimmen.

3. Wer wählt den Präsidenten des Bundesrates?

   Die Mitglieder des Bundesrates. In der Staatspraxis steht fest, welches Land in welchem Jahr die Präsidentschaft innehat.

4. Dürfen Länder ihre Stimmen splitten, z.B. drei für „ja" und drei für „nein"?

   Nein. Die Stimmabgabe hat einheitlich zu erfolgen.

5. Was ist die Hauptfunktion des Bundesrates?

   Mitwirkung am Gesetzgebungsverfahren.

6. Gilt das „freie Mandat" auch hier?

   Nein. Der Stimmführer hat so abzustimmen, wie es die jeweilige Landesregierung zuvor besprochen hat.

7. Wo sitzt der Bundesrat?

   In Berlin.

8. Wo sind die Regelungen über den Bundesrat im GG zu finden?

   Art. 50 – 53.

9. An welcher Stelle regelt das GG die Mitwirkung des Bundesrates am Gesetzgebungsverfahren?

   Art. 76ff.

10. Verhandelt der Bundesrat öffentlich?

    Ja! So ist es in Art. 52 III 3 geregelt.

11. Wo ist die innere Struktur des Bundesrates normiert?

    In der Geschäftsordnung des Bundesrates (GOBR).

12. Welches ist das bevölkerungsreichste, welches das bevölkerungsärmste Bundesland?

    Nordrhein-Westfalen, Bremen.

III. Bundesregierung

Die Bundesregierung besteht aus der **Bundeskanzlerin** und den **Bundesministern**, vgl. Art. 62. Gemeinsam sind sie das Kabinett. Die Bundesregierung ist das Staatsorgan der Exekutive. In der Staatspraxis hat die Bundesregierung eine große Bedeutung (Stichwort: „Kanzlerdemokratie").

1. Wahl der Bundeskanzlerin

Die Bundeskanzlerin, derzeit: Angela Merkel (CDU), wird auf Vorschlag des Bundespräsidenten, derzeit: Christian Wulff (CDU), vom Bundestag ohne Aussprache gewählt (Art. 63 I). Sie benötigt eine **absolute Mehrheit** der Stimmen. Schließlich muss der Bundespräsident die Kanzlerin ernennen (Art. 63 II).

Wird ein Vorgeschlagener nicht gewählt, findet ein **zweiter Wahlgang** statt (Art. 63 III). Auch in diesem Wahlgang ist eine absolute Mehrheit der Stimmen erforderlich. Erst in einem **dritten Wahlgang** reicht die einfache Mehrheit. Eine mit nur relativer Mehrheit gewählte Kanzlerin muss nicht vom Bundespräsidenten ernannt werden. Der Bundespräsident kann dann vielmehr den Bundestag auflösen und Neuwahlen ausschreiben (Art. 63 IV).

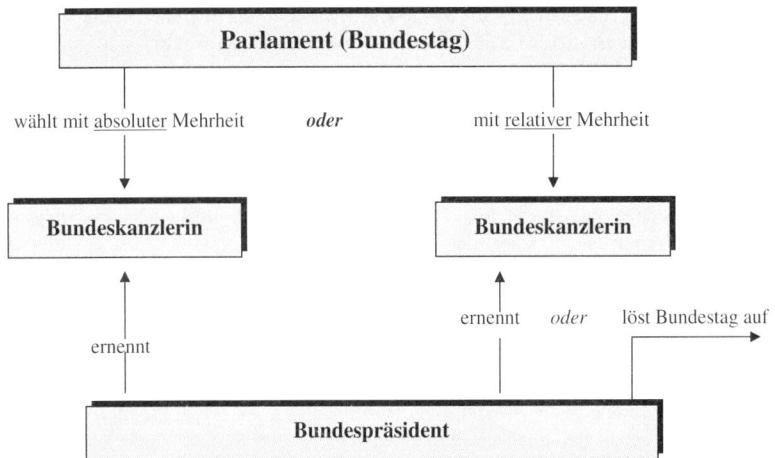

2. Rechtsstellung der Bundeskanzlerin

Die Rechtsstellung von Bundeskanzlerin und Bundesministern ist im Bundesministergesetz geregelt. Die Bundeskanzlerin ist **keine Beamte**, aber Trägerin eines öffentlichen Amtes, so dass strafrechtliche Vorschriften auf sie Anwendung finden. Die Kanzlerin genießt weder Immunität noch Indemnität (dies genießt sie nur als Bundestagsabgeordnete). Gemäß Art. 66 dürfen weder Bundeskanzlerin noch Bundesminister ein anderes besoldetes Amt, Gewerbe oder einen Beruf ausüben. Weiterhin dürfen sie nicht den Aufsichtsrat eines auf Erwerb gerichteten Unternehmens leiten.

3. Kompetenzen der Bundeskanzlerin

Die Bundeskanzlerin übt verschiedene Kompetenzen aus:

Richtlinienkompetenz

Nach Art. 65, 1 fallen **grundlegende politische Entscheidungen** in die Kompetenz der Bundeskanzlerin. Solche „Richtlinien" waren in der alten Bundesrepublik z.B. die Westintegration *Adenauers*, die Ostpolitik *Brandts* und die Wiedervereinigung unter *Kohl* sowie dessen Beitrag zur europäischen Integration; Einzelheiten in der GOBReg. Umstritten ist, ob auch **Einzelfälle** unter die „Richtlinienkompetenz" fallen können (z.B. Atomausstieg). Das ist mehrheitlich anerkannt. Die Bundeskanzlerin darf die Verantwortung einzelner politischer Bereiche an sich ziehen. Sie entscheidet demnach selbst, was unter ihre Richtlinienkompetenz fällt. Allerdings darf sie nicht die Kompetenz eines einzelnen Ministers völlig aushöhlen.

Personalentscheidungen und Organisationsgewalt

Der Bundeskanzlerin fällt nach Art. 64 die Kompetenz zu, über die Besetzung der Ministerämter zu entscheiden. Dabei darf die Kanzlerin auch neue Ministerien schaffen und bisherige schließen oder zusammenlegen (Organisationsgewalt). Weiterhin kann sie einem Ministerium die Zuständigkeit für einen Sachbereich entziehen.

Parlamentarische Staatssekretäre sind keine Regierungsmitglieder, aber Mitglieder des Bundestages. **Staatsminister** ist die auf Vorschlag der Bundeskanzlerin im Einvernehmen mit dem zuständigen Bundesminister vom Bundespräsidenten (gem. § 8 ParlStG) verliehene Bezeichnung an einen Parlamentarischen Staatssekretär, ohne dass damit eine größere Machtfülle verbunden wäre. Hiervon wurde bis jetzt nur im Bundeskanzleramt und im Auswärtigen Amt Gebrauch gemacht: Im Bundeskanzleramt sind derzeit drei Staatsminister im Amt (für Medien, für Bund-Länder-Beziehungen und als Ausländerbeauftragte). Die Staatsminister im Auswärtigen Amt führen diesen Titel aus protokollarischen Gründen, um auf diplomatischem Parkett die Augenhöhe wahren zu können.

Der Bundeskanzlerin obliegt die Leitung der Kabinettssitzungen. Das Bundeskabinett tagt in der Staatspraxis meist einmal pro Woche. Ist die Bundeskanzlerin verhindert, vertritt sie der Vizekanzler.

4. Ressortprinzip

Die **Bundesminister** leiten ihren Geschäftsbereich (z.B. Inneres, Finanzen, Verteidigung) unter **eigener Verantwortung** (Art 65, 2). Dazu zählen die innere Organisationsstruktur der Ministerien und Behörden ebenso wie die Entscheidungen über die politische Ausgestaltung des Amts.

Bei Meinungsverschiedenheiten zwischen Ministern entscheidet die Bundesregierung (Art. 65, 3).

Art. 65 in Übersicht

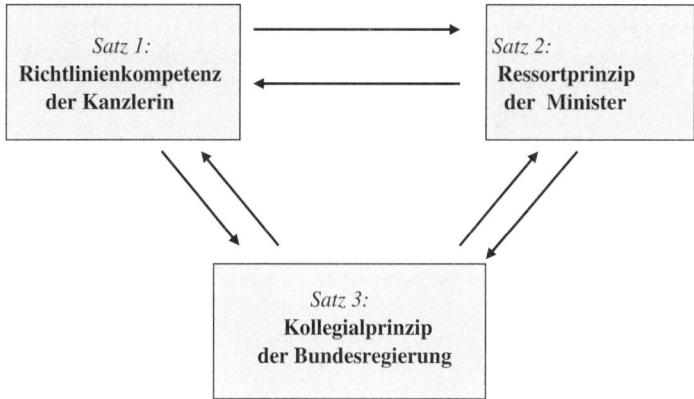

Durch sein „Zitierrecht" in Art. 43 I kann der Bundestag einen Minister ins Parlament einbestellen. Der Minister muss dann Rede und Antwort stehen. Allerdings kann er **nicht abgewählt** werden. Die Amtszeit des Ministers endet vielmehr bei Entlassung, Rücktritt oder Wahl einer neuen Bundeskanzlerin.

5. Vertrauensfrage

Die Bundeskanzlerin kann nach Art. 68 I den Antrag stellen, der Bundestag möge ihr das Vertrauen aussprechen. Die sogenannte „**Vertrauensfrage**" dient zur Vergewisserung, ob sich die Bundeskanzlerin noch einer Mehrheit im Bundestag sicher sein kann. Im Juli 2005 hatte der damalige Bundeskanzler *Schröder* im Bundestag die Vertrauensfrage gestellt – mit dem Ziel, diese zu verlieren und **Neuwahlen** herbeizuführen. Die Neuwahlen brachten dann seine Herausforderin *Merkel* ins Kanzleramt. Das BVerfG hat sich mit diesem Fall beschäftigen müssen.

In seiner Entscheidung hat das BVerfG in Art. 68 ein **ungeschriebenes Tatbestandsmerkmal** hineingelesen. Es fordert „die berechtigte Einschätzung des Bundeskanzlers, dass die Handlungsfähigkeit der Bundesregierung im Hinblick auf die Mehrheitsverhältnisse im Parlament beeinträchtigt ist".

Übungsfall 7:

Bundeskanzler B stellt nach einigen für seine Partei verheerend verlorenen Landtagswahlen im Bundestag die Vertrauensfrage, um die vorzeitige Beendigung der Legislaturperiode zu erreichen. In der Aussprache sprechen ihm seine Parteifreunde persönlich das Vertrauen aus, erklären aber, dass sie – wie von B gewünscht – in der Abstimmung nicht für ihn stimmen wollen. Wie vorgesehen, verliert B die Vertrauensfrage: 151 Mitglieder des Bundestages sprechen ihm das Vertrauen aus, 140 enthalten sich der Stimme, 309 stimmen mit „Nein". Auf Antrag des B ordnet der Bundespräsident die Auflösung des Bundestages an.

Hiergegen klagt zunächst die Familienpartei (F), die im Bundestag nicht vertreten ist, weil sie meint, die Anforderungen des § 18 II 1 Bundeswahlgesetz in so kurzer Zeit (Bundestagswahl 1 Jahr früher) nicht erfüllen zu können.

Weiterhin klagt der Abgeordnete A, der meint, er sei in seinem freien Mandat verletzt.

Werden die Klagen erfolgreich sein? Bitte nehmen Sie nur eine Zulässigkeitsprüfung vor, trennen darin aber beide Begehren!

§ 18 II 1 Bundeswahlgesetz lautet: „Parteien, die im Deutschen Bundestag oder einem Landtag seit deren letzter Wahl nicht auf Grund eigener Wahlvorschläge ununterbrochen mit mindestens fünf Abgeordneten vertreten waren, können als solche einen Wahlvorschlag nur einreichen, wenn sie spätestens am neunzigsten Tage vor der Wahl dem Bundeswahlleiter ihre Beteiligung an der Wahl schriftlich angezeigt haben und der Bundeswahlausschuss ihre Parteimitgliedschaft festgestellt hat."

Die Organklagen von F und A haben Erfolg, wenn sie zulässig und begründet sind.

1. Zuständigkeit des BVerfG

Die Zuständigkeit des BVerfG ergibt sich aus Art. 93 I Nr. 1 i.V.m. §§ 13 Nr. 5, 63 ff. BVerfGG.

2. Zulässigkeit

a) Antragsteller

aa) Zuerst müsste die F-Partei nach § 63 BVerfGG zur Klage befugt sein. Aufgrund des Wortlauts ist eine Partei kein zulässiger Antragsteller. Jedoch könnte sich die Befugnis aus Art. 93 I Nr. 1 direkt ergeben. Dort ist von „anderen Beteiligten" die Rede. Parteien sind aufgrund ihres verfassungsmäßigen Status und Auftrags „andere Beteiligte". F will außerdem Rechte geltend machen, die ihr aufgrund Art. 21 I 1 zustehen. Sie ist folglich eine befugte Antragstellerin zur Organklage.

bb) A ist als Abgeordneter ein Unterorgan des Bundestages und verfügt damit über eigene verfassungsrechtliche Kompetenzen nach Art. 38 I 2, er ist folglich ein zulässiger Antragsteller.

b) Antragsgegner:

Der Bundespräsident, der den Bundestag aufgelöst hat, ist ein zulässiger Antragsgegner (§ 63 BVerfGG).

c) Streitgegenstand:

Beide Antragsteller müssten eine Maßnahme oder ein Unterlassen des Antragsgegners gemäß § 64 I BVerfGG nennen. Sie beschweren sich hier über die vom Bundespräsidenten verfügte Auflösung des Bundestages. Damit liegt ein Streitgegenstand vor.

d) Antragsbefugnis:

aa) F müsste antragsbefugt sein. Antragsbefugt ist, wer in seinen grundgesetzlich vermittelten Kompetenzen betroffen sein kann, § 64 I BVerfGG. F macht geltend, dass die Bundestagswahl nun so kurzfristig erfolgt, dass sie ihre Wahlvorbereitungen nicht rechtzeitig durchführen kann. Darin könnte ein Verstoß gegen die in Art. 38 I 1 i.V.m. Art. 21 vorgesehene Wahlgleichheit liegen. Jedoch ist erforderlich, dass der Antragsgegner solche Rechte der Antragstellerin verletzt hat, die ihr aus einem **verfassungsrechtlichen Rechtsverhältnis** erwachsen. Die Entscheidung, den Bundestag aufzulösen, begründet zwischen F und dem Bundespräsidenten aber kein verfassungsrechtliches Rechtsverhältnis. Art. 68 dient nicht dem Schutz politischer Parteien, die nicht im Parlament vertreten sind. Sie ist vielmehr darauf angelegt, zu politischer Stabilität im Verhältnis von Bundeskanzler und Bundestag beizutragen. Folglich ist F nicht antragsbefugt.

bb) A müsste antragsbefugt sein. Er könnte in seiner Rechtstellung aus Art. 38 betroffen sein. Die zeitliche Festlegung der Wahlperiode auf vier Jahre soll dem Bundestag auch die wirksame und kontinuierliche Erfüllung seiner Aufgabe ermöglichen. An dieser Gewährleistung hat der Status des einzelnen Abgeordneten Anteil. Eine Verkürzung der laufenden Wahlperiode entgegen der Voraussetzungen des Grundgesetzes würde daher zugleich in Art. 38 eingreifen. A ist mithin antragsbefugt.

e) Form / Frist: Weiterhin müsste A die verletzten Rechtsnormen nennen (§ 64 II BVerfGG). Die Einhaltung der Frist gemäß § 64 III BVerfGG ist anzunehmen.

Somit ist die Organklage des A zulässig.

3. Begründetheit

Die Organklage des A ist begründet, wenn die Auflösungsentscheidung des Bundespräsidenten gegen Art. 68 verstößt.

a) Anwendbarkeit des Art. 68

Grundsätzlich bedürfen der Bundeskanzler und seine Regierung einer verlässlichen parlamentarischen Mehrheit. Das Grundgesetz stellt Auswege aus einer parlamentarischen Krise bereit, die auf die Wiederherstellung der Mehrheitsverhältnisse im Bundestag gerichtet sind. Dabei handelt es sich um den Rücktritt und die Neuwahl eines Kanzlers gemäß Art. 63, die Neuwahl eines anderen Kanzlers nach Art. 67 und die Vertrauensfrage des Kanzlers nach Art. 68. Art. 68 umfasst nicht nur die auflösungsgerichtete (so genannte echte) Vertrauensfrage, durch die eine in Zweifel stehende Handlungsfähigkeit hinsichtlich der tatsächlichen Kräfteverhältnisse im Parlament auf die Probe gestellt werden kann; auch die **auflösungsgerichtete (so genannte unechte) Vertrauensfrage** gehört danach zu den Instrumenten, die das Grundgesetz den Verfassungsorganen zur Verfügung stellt, um eine handlungsfähige Regierung mit hinreichender parlamentarischer Mehrheit zu sichern oder wieder zu gewinnen.

b) Formelle Rechtmäßigkeit der Auflösungsentscheidung des Bundespräsidenten

Die Auflösungsentscheidung ist formell rechtmäßig, weil sie der zuständige Bundespräsident nach Durchführung der Vertrauensfrage im Bundestag durchgeführt hat.

c) Materielle Rechtmäßigkeit der Auflösungsentscheidung des Bundespräsidenten

Die Auflösungsentscheidung müsste auch materiell rechtmäßig sein. Solche materiellen Voraussetzungen sind im Wortlaut des Art. 68 I 1 nicht enthalten. Das BVerfG fordert aber als **ungeschriebenes Tatbestandsmerkmal** „die berechtigte Einschätzung des Bundeskanzlers, die Handlungsfähigkeit der Bundesregierung im Hinblick auf die Mehrheitsverhältnisse im Parlament sei beeinträchtigt". Dies kann auch dann vorliegen, wenn dem Bundeskanzler erst bei künftigen Abstimmungen im Bundestag Niederlagen drohen. Denn die Handlungsfähigkeit geht auch dann verloren, wenn der Kanzler zur Vermeidung offenen Zustimmungsverlusts im Bundestag gezwungen ist, von wesentlichen Inhalten seines politischen Konzepts abzurücken und eine andere Politik zu verfolgen.

Von Verfassungs wegen ist der Bundeskanzler in einer Situation der zweifelhaften Mehrheit im Bundestag weder zum Rücktritt verpflichtet noch zu Maßnahmen, mit denen der politische Dissens in der die Regierung tragenden Mehrheit im Parlament offenbar würde. Im Falle eines Rücktritts bliebe offen, ob dies zu **stabileren Verhältnissen** führte; so wäre es schon ungewiss, ob die Wahl eines neuen Mehrheitskanzlers gemäß Art. 63 gelänge. Eine Pflicht des Bundeskanzlers, den politischen Dissens im Parlament offenkundig zu machen, könnte die vom Grundgesetz erstrebte **politische Stabilität** zusätzlich erschüttern.

Folglich war die Auflösungsentscheidung materiell rechtmäßig.
Ergebnis: Die Organklage des A ist zulässig, aber unbegründet.

§§§§§§§§§§§§§§§§§§§§§

6. Konstruktives Misstrauensvotum

Das Parlament kann umgekehrt der Bundeskanzlerin das Vertrauen nur dadurch entziehen, dass es einen neue Kanzlerin wählt (Art. 67 I). Aus diesem Grund nennt man das **Misstrauensvotum** „konstruktiv". Eine alleinige Abwahl der bisherigen Amtsinhaberin ist im Grundgesetz nicht vorgesehen. Ist ein Misstrauensvotum erfolgreich, wird damit auch die Arbeit aller Bundesminister beendet.

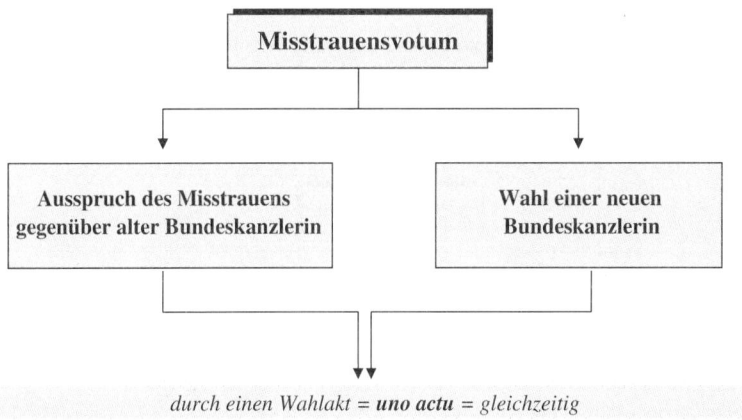

*durch einen Wahlakt = **uno actu** = gleichzeitig*

In der **Geschichte der alten Bundesrepublik** gab es zwei wichtige konstruktive Misstrauensvoten:

a) **1972** gegen Bundeskanzler *Brandt* (SPD) von Seiten der CDU/CSU-Fraktion. Die Christdemokraten stellten ihren Fraktionsvorsitzenden *Barzel* auf. *Brandt* konnte das Misstrauensvotum jedoch mit einer Stimme Mehrheit zurückweisen. Nach der Wiedervereinigung fanden sich in Akten der Staatssicherheit Nachweise dafür, dass ein CDU-Abgeordneter von der DDR bestochen wurde, um für Brandt zu stimmen.

b) **1982** gegen Bundeskanzler *Schmidt* (SPD) von Seiten der CDU/CSU-Fraktion. Die Christdemokraten stellten ihren Vorsitzenden *Kohl* auf. *Kohl* erhielt eine Mehrheit – auch die FDP stimmte für ihn. Kohl blieb bis 1998 Bundeskanzler.

7. Überprüfung von Bundesgesetzen auf ihre Verfassungsmäßigkeit

Gesetzesvorlagen können beim Bundestag durch die Bundesregierung, aus der Mitte des Bundestages oder durch den Bundesrat eingebracht werden (Art. 76 I). Stimmt der Bundestag einem Gesetz zu, könnte es trotzdem **verfassungswidrig** sein. Eine solche Verfassungswidrigkeit muss vom BVerfG festgestellt werden.

Eine solche Überprüfung kann durch die Bundesregierung, eine Landesregierung oder mindestens 1/4 der Mitglieder des Bundestags beantragt werden. Die zuständige Klageart ist die „**abstrakte Normenkontrolle**" (Art. 93 I Nr. 2, §§ 13 Nr. 6, 76ff. BVerfGG).

Bei einer gutachterlichen Prüfung ist erneut der Dreiklang einzuhalten:

Das BVerfG erklärt im Fall der Begründetheit des Antrags das betreffende Gesetz für nichtig (§ 78, 1 BVerfGG). Die **Nichtigkeitserklärung** bezieht sich entweder auf das gesamte Gesetz oder lediglich auf dessen rechtswidrigen Teil. Eine Teilnichtigkeit wird vorliegen, wenn das Gesetz auch ohne den rechtswidrigen Teil noch eine sinnvolle Regelung enthält.

 In einer Klausur scheitert die abstrakte Normenkontrolle selten in der Zulässigkeit. Besonders wenn nur dieses eine Verfahren in Betracht kommt, ist eine Begründetheitsprüfung – eventuell **hilfsgutachterlich** – durchzuführen.

„Hilfsgutachterlich" heißt: Das eigentliche Gutachten ist zu Ende, die weitere Prüfung erfolgt in einem zweiten, sogenannten „Hilfs"-Gutachten.
Praktisch läuft das so: Man macht weiter, schreibt aber „Hilfsgutachten" drüber.

ABSTRAKTE NORMENKONTROLLE

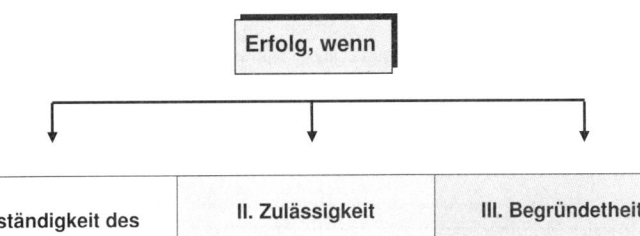

I. Zuständigkeit des BVerfG	II. Zulässigkeit	III. Begründetheit
Die Zuständigkeit des Bundesverfassungsgerichts ergibt sich aus Art. 93 I Nr.2 GG, §§ 13 Nr. 6, 76 ff. BVerfGG.	**1. Antragsteller** (§ 76 BVerfGG): - Bundesregierung, - Landesregierung, - 1/4 der Mitglieder des Bundestages. **2. Streitgegenstand** (§ 76 BVerfGG): Vereinbarkeit von Bundesrecht oder Landesrecht mit dem GG, Vereinbarkeit von Landesrecht mit dem sonstigen Bundesrecht. **3. Antragsbefugnis** (§ 76 BVerfGG): Meinungs-verschiedenheiten oder Zweifel [umstritten, ob Zweifel reichen] über die Vereinbarkeit der Norm mit dem GG. Die beanstandete Norm muss verkündet sein. **4. Form** (§ 23 I BVerfGG) Fristen sind *nicht* zu beachten.	Begründet ist die Klage, wenn die Norm formell oder materiell verfassungswidrig ist. **1. Formelle Rechtmäßigkeit der Norm** a) Kompetenz der Rechtsetzung (z.B. darf der Bundestag dies überhaupt regeln? Kann er auf einen Kompetenztitel im GG verweisen?), Art. 70ff b) Verfahren, Art. 70 ff., 76, 78. **2. Materielle Rechtmäßigkeit der Norm** Hier ist abzuwägen, ob die Norm materiell (also inhaltlich) mit der Verfassung bzw. die Landesnorm mit Bundesrecht / Verfassung vereinbar ist.

Übungsfall 8:
Die Bundesregierung will den Standort Deutschland stärken. Deshalb möchte sie die gymnasiale Schulzeit auf 12 Jahre verkürzen. Ein entsprechender Gesetzentwurf wird, nachdem er ordnungsgemäß eingebracht wurde, vom Bundestag als „12-Jahres-Gesetz" beschlossen und in Kraft gesetzt. Die Landesregierung von Rheinland-Pfalz hat Zweifel an der Vereinbarkeit des Gesetzes mit der Verfassung.
Was kann sie tun?

Falllösung

Die Landesregierung von Rheinland-Pfalz könnte dem BVerfG das Gesetz zur Überprüfung auf seine Verfassungsgemäßheit vorlegen. Dafür kommt das Verfahren der abstrakten Normenkontrolle in Betracht.

1. Zuständigkeit des BVerfG
Die Zuständigkeit des BVerfG ergibt sich aus Art. 93 I Nr. 2, § 13 Nr. 6, §§ 76ff. BVerfGG.

2. Zulässigkeit
a) Antragsteller: Zuerst müsste die Landesregierung von Rheinland-Pfalz ein möglicher Antragsteller sein. Landesregierungen steht der Weg einer abstrakten Normenkontrollklage offen (§ 76 BVerfGG). Folglich ist die Landesregierung antragsberechtigt.

b) Streitgegenstand: Die Landesregierung zweifelt die Vereinbarkeit des Gesetzes mit dem GG an. Damit ist ein Streitgegenstand gegeben.

c) Antragsbefugnis: Weiterhin müsste es zwischen der Landesregierung von Rheinland-Pfalz und der Bundesregierung eine Meinungsverschiedenheit über die Vereinbarkeit des „12-Jahres-Gesetzes" mit der Verfassung geben. Hier äußert die Landesregierung Zweifel. Folglich ist die Landesregierung antragsbefugt.

d) Form: Zuletzt müsste die Landesregierung von Rheinland-Pfalz ihren Antrag schriftlich und begründet (§ 23 I BVerfGG) einreichen. Davon ist auszugehen.

Folglich wäre die abstrakte Normenkontrolle zulässig. Fraglich ist, ob sie begründet ist.

3. Begründetheit
Die abstrakte Normenkontrolle müsste auch begründet sein. Dafür müsste das „12-Jahres-Gesetz" formell und materiell unrechtmäßig sein.

Formelle Rechtmäßigkeit: Für die formelle Rechtmäßigkeit ist die Kompetenz des Bundes für die Verkürzung der Schulzeit erforderlich. Grundsätzlich besitzen die Länder die Gesetzgebungskompetenz (Art. 30, 70ff.). Der Bund könnte jedoch im Rahmen der ausschließlichen (Art. 71, 73) oder konkurrierenden Gesetzgebung (Art. 72, 74) tätig werden. Allerdings findet sich dort keine Kompetenz für den Schulbereich.

Folglich hatte der Bund **keine Kompetenz** zum Erlass des „12-Jahres-Gesetzes". Die abstrakte Normenkontrolle der Landesregierung von Rheinland-Pfalz ist begründet. Das BVerfG wird das „12-Jahres-Gesetz" gemäß § 78, 1 BVerfGG für nichtig erklären.

§§§§§§§§§§§§§§§§§§§§§§§

Wiederholungsfragen zur Bundesregierung

1.	Wer ernennt die Bundeskanzlerin nach ihrer Wahl?	Der Bundespräsident (Art. 63 II)
2.	Wann darf der Bundespräsident die Ernennung verweigern?	Wenn die Kanzlerin erst im dritten Wahlgang und nur mit einer relativen Mehrheit gewählt wurde.
3.	Was passiert, wenn der Bundespräsident die Gewählte nicht ernennt?	Auflösung des Parlaments (Art. 63 IV) und Neuwahlen.
4.	Genießt die Kanzlerin Immunität und Indemnität?	Nein, diese Rechte stehen nur Abgeordneten zu.
5.	Genießt die Kanzlerin diese Rechte, wenn sie auch Abgeordnete ist?	Ja, denn diese Rechte stehen allen Abgeordneten zu.
6.	Wo ist die Richtlinienkompetenz der Bundeskanzlerin normiert?	In Art. 65, 1.
7.	Wer entscheidet über die Organisation der Bundesministerien und ihrer Zuständigkeitsbereiche?	Die Bundeskanzlerin im Rahmen ihrer Organisationsgewalt.
8.	Wo sind die Details der Arbeit der Bundesregierung geregelt?	In der Geschäftsordnung der Bundesregierung (GOBR).
9.	Warum kann es auf Bundesebene kein Ministerium für Schulen geben?	Die Schulpolitik liegt allein in der Kompetenz der Länder (vgl. Art 30). Es findet sich kein Kompetenztitel für den Bund in Art. 70ff.
10.	Wann darf der Bundestag einen Minister abwählen?	Der Bundestag hat kein Recht zur Abwahl eines Ministers.
11.	Warum heißt das Misstrauensvotum gegenüber der Bundeskanzlerin „konstruktiv"?	Mit einem Misstrauensvotum muss immer die Neuwahl einer Kanzlerin verbunden sein (Art. 67).

IV. Bundespräsident

Der Bundespräsident ist Staatsoberhaupt der Bundesrepublik Deutschland, trotzdem sind ihm nur wenige Befugnisse zugewiesen. Er ist vor allem **Repräsentationsorgan**. Dabei vertritt er den Bund nach außen (Art. 59 I). Er ist ein oberstes Verfassungsorgan.

Sitz des Bundespräsidenten ist das **Schloss Bellevue** in **Berlin**. Die **bisherigen Staatsoberhäupter** waren / sind:

Bundesrepublik:	Theodor Heuss (1949 – 59)	FDP
	Heinrich Lübke (1959 – 69)	CDU
	Gustav Heinemann (1969 – 74)	SPD
	Walter Scheel (1974 – 79)	FDP
	Karl Carstens (1979 – 84)	CDU
	Richard von Weizsäcker (1984 – 90)	CDU
DDR:	Sabine Bergmann-Pohl (1990)[3]	CDU
Vereinte Bundesrepublik:	Richard von Weizsäcker (1990 – 94)	CDU
	Roman Herzog (1994 – 99)	CDU
	Johannes Rau (1999 – 2004)	SPD
	Horst Köhler (2004 – 2010)	CDU
	Christian Wulff (seit 2010)	CDU

1. Wahl des Bundespräsidenten

Der Bundespräsident wird von der **Bundesversammlung** gewählt (Art. 54 I). Die Bundesversammlung konstituiert sich allein für die Wahl eines Präsidenten, ansonsten existiert sie nicht. Mitglieder sind alle Abgeordneten des Bundestags und – in gleicher Anzahl – Vertreter der 16 Bundesländer. Diese Ländervertreter müssen nicht Abgeordnete sein.

Die Bundesversammlung tritt alle **fünf Jahre** zusammen, zuletzt im Juni 2010. Sie wählt den Präsidenten ohne Aussprache. Wählbar ist jeder Deutscher, der das Wahlrecht zum Bundestag besitzt und das vierzigste Lebensjahr vollendet hat. Der Präsident wird für fünf Jahre gewählt, **einmalige Wiederwahl** ist zulässig.

Der Bundespräsident darf laut Art. 55 I weder der Regierung noch einer gesetzgebenden Körperschaft des Bundes oder eines Landes angehören. Damit schließt sich ein gleichzeitiges Bundestagsmandat aus. Weiterhin darf der Bundespräsident **kein anderes besoldetes Amt**, kein Gewerbe und keinen Beruf ausüben und weder der Leitung noch dem Aufsichtsrat eines auf Erwerb gerichteten Unternehmens angehören (Art. 55 II). Die Mitgliedschaft in einer politischen Partei ist erlaubt (vgl. Liste oben), eine aktive Betätigung dort aber nicht erwünscht. Der Bundespräsident soll überparteilich wirken und handeln. Er soll bemüht sein, sich bei allen gesellschaftlichen Gruppen Respekt zu erwerben. Wichtig: **Vertreter** des Bundespräsidenten ist der **Bundesratspräsident** (Art. 57).

---

[3] Alle früheren Staatsoberhäupter der DDR waren nicht demokratisch legitimiert, sondern Diktatoren. Bergmann-Pohl war als Präsidentin der Volkskammer zugleich Staatsoberhaupt.

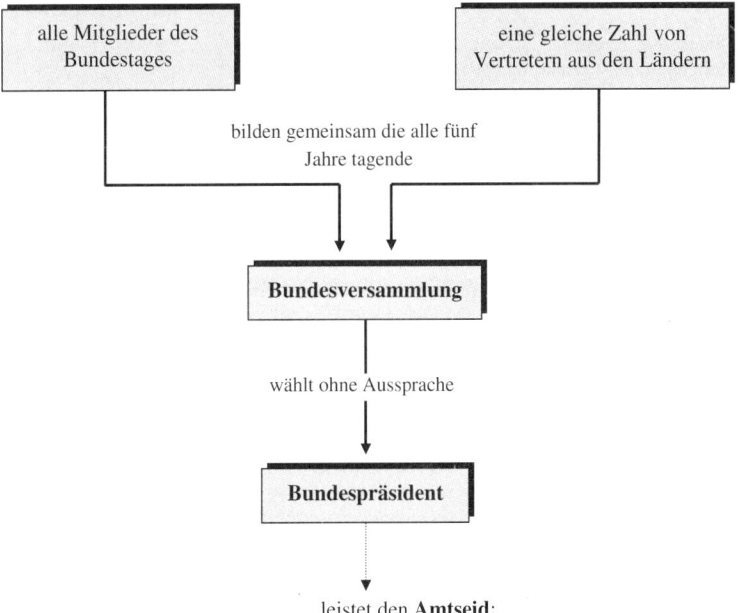

Wahl des Bundespräsidenten

alle Mitglieder des Bundestages

eine gleiche Zahl von Vertretern aus den Ländern

bilden gemeinsam die alle fünf Jahre tagende

Bundesversammlung

wählt ohne Aussprache

Bundespräsident

leistet den **Amtseid**:

„Ich schwöre, dass ich meine Kraft dem Wohle des deutschen Volkes widmen, seinen Nutzen mehren, Schaden von ihm wenden, das Grundgesetz und die Gesetze des Bundes wahren und verteidigen, meine Pflichten gewissenhaft erfüllen und Gerechtigkeit gegen jedermann üben werde. So wahr mir Gott helfe.“

(Der Eid kann auch ohne religiöse Beteuerung geleistet werden.)

Die Amtsdauer beträgt 5 Jahre. Eine „anschließende **Wiederwahl**" ist nach Art. 54 II 2 nur einmal zulässig. Nach herrschender Meinung ist eine dritte Wiederwahl möglich, wenn zwischen den beiden früheren Wahlperioden und der Wiederwahl mindestens eine Wahlperiode eines anderen Bundespräsidenten liegt.

2. Gegenzeichnungspflicht

Die meisten Anordnungen oder Verfügungen des Bundespräsidenten bedürfen zu ihrer Gültigkeit der Gegenzeichnung durch die Bundeskanzlerin oder den zuständigen Bundesminister (Art. 58, 1). Damit wird klar: Der Bundespräsident darf **keine eigenständige Staatsleitung** ausüben. Seine Arbeit ist vielmehr mit dem Regierungshandeln verzahnt.

Unter „Anordnungen und Verfügungen" fallen alle amtlichen und politisch bedeutsamen Erklärungen des Bundespräsidenten. Zeichnet die Bundesregierung diese gegen, übernimmt sie gleichzeitig die politische Verantwortung.

3. Kompetenzen des Bundespräsidenten

Der Bundespräsident hat verschiedene Kompetenzen, die im Grundgesetz normiert sind.

Völkerrechtliche Vertretung des Bundes

Gemäß **Art. 59 I 1** vertritt der Bundespräsident den Bund völkerrechtlich. Damit steht ihm im Außenverhältnis zu anderen Staaten eine umfassende Vertretungsbefugnis zu. Allerdings werden die Richtlinien der Politik gemäß Art. 65, 1 durch die Bundeskanzlerin bestimmt. Auch die Außenpolitik fällt darunter.

Deshalb darf der Bundespräsident **keine eigene Außenpolitik** machen. Er repräsentiert vielmehr. Allerdings beglaubigt er die deutschen Gesandten und nimmt die Beglaubigung der ausländischen Gesandten entgegen. In der Staatspraxis lädt er einmal im Jahr die in Deutschland ansässigen Diplomaten zu einem Empfang ein.

Ernennung der Richter, Beamten, Offiziere und Minister des Bundes

Der Bundespräsident ernennt nach Art. 60 I, 64 I die Bundesrichter, die Bundesbeamten, die Offiziere und Unteroffiziere der Bundeswehr und die Bundesminister.

Begnadigungsrecht

Weiterhin übt er nach Art. 60 II im Einzelfall für den Bund das Begnadigungsrecht aus. Begnadigungen können in rechtskräftig abgeschlossenen Strafsachen, Disziplinarsachen oder Ehrengerichtssachen erfolgen. Sie können nur für **Einzelfälle** ausgesprochen werden. Amnestien kann nur der Bundestag beschließen.

Ausfertigung und Verkündung von Bundesgesetzen

Nach Art. 82 I werden die nach den Vorschriften des Grundgesetzes zustande gekommenen Gesetze durch den Bundespräsidenten „ausgefertigt und im Bundesgesetzblatte verkündet".

Ausfertigung bedeutet die Herstellung einer Urschrift des Gesetzes und erklärt die „**Authentizität**", d.h., dass Gesetzesbeschluss und Urkunde im Wortlaut übereinstimmen sowie die „**Legalität**", d.h., dass die Verfahrensvorschriften des Bundes eingehalten wurden.

Umstritten ist, ob der Bundespräsident im Rahmen der „Legalität" auch ein **materielles Prüfungsrecht** besitzt. Falls ja, könnte der Bundespräsident jedes Gesetz auf seine Verfassungsmäßigkeit überprüfen. Sollte er zu dem Schluss kommen, dass das Gesetz verfassungswidrig ist, könnte er eine Ausfertigung verweigern. Eine genaue Darstellung dieses Streits folgt auf der nächsten Seite.

Auflösung des Bundestages

Scheitert die Wahl einer Bundeskanzlerin im Bundestag oder erreicht ein Kandidat nur eine relative Mehrheit, kann der Bundespräsident das Parlament auflösen (Art. 63 IV). Gleiches gilt, wenn eine Vertrauensfrage der Bundeskanzlerin keine Mehrheit gefunden hat und die Kanzlerin die Auflösung vorschlägt (Art. 68 I).

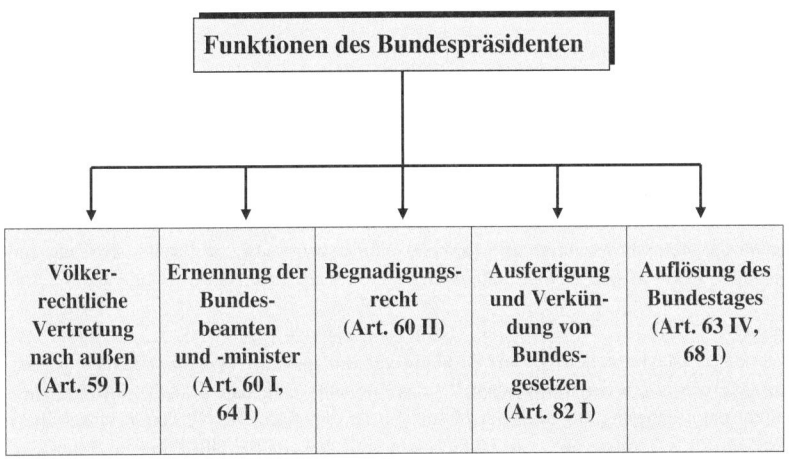

Funktionen des Bundespräsidenten				
Völker-rechtliche Vertretung nach außen (Art. 59 I)	**Ernennung der Bundes-beamten und -minister (Art. 60 I, 64 I)**	**Begnadigungs-recht (Art. 60 II)**	**Ausfertigung und Verkün-dung von Bundes-gesetzen (Art. 82 I)**	**Auflösung des Bundestages (Art. 63 IV, 68 I)**

4. Materielles Prüfungsrecht des Bundespräsidenten

Gemäß Art. 82 I werden die nach den Vorschriften des Grundgesetzes zustande gekommenen Gesetze vom Bundespräsidenten ausgefertigt.

„Ausfertigen" beinhaltet ein *formelles* Prüfungsrecht: Der Bundespräsident darf prüfen, ob das Gesetz nach den Vorschriften des GG zustande gekommen ist. Dazu muss zuerst das **Gesetzgebungsverfahren** (Art. 76ff.) eingehalten worden sein und weiterhin der Bund eine **Kompetenz** zum Erlass des Gesetzes besitzen (Art. 70ff.).

Fraglich ist nun, ob der Bundespräsident auch ein *materielles* Prüfungsrecht innehat, also, ob er die Ausfertigung eines Gesetzes verweigern darf, wenn dieses seiner Ansicht nach inhaltlich gegen die Verfassung verstößt.

Diese Frage ist unter den Verfassungsgelehrten umstritten. Mehrheitlich wird sie aber bejaht. Das BVerfG hat sich bisher nicht über diese Frage geäußert.

Problematisch ist, dass der Wortlaut des **Art. 82 I 1 nicht aussagekräftig** ist.

Im Folgenden ist eine Prüfung dieser Frage anhand der unterschiedlichen **Argumente** erfolgt (vgl. JuS 1993, Lernbogen 81ff.). Diese Argumente muss man nicht alle wissen. Es soll hier lediglich **exemplarisch** ausgeführt werden, wie eine staatsrechtliche Streitdarstellung aufgebaut sein kann.

 Hinweis: Dieser Streit ist oft Gegenstand einer Klausur oder Hausarbeit.

Dafür:
Formelle und materielle Prüfung sind zwei Seiten einer Medaille. Der **Inhalt einer Regelung bestimmt schließlich die einzuhaltenden Verfahrensregeln.** Ein Beispiel: Steht ein Gesetz mit der Verfassung in Widerspruch, ohne dass der Bundestag diese Ansicht teilt, ist es nicht nur materiell verfassungswidrig. Die formelle Verfassungswidrigkeit ergibt sich aus der Nichteinhaltung des in Art. 79 vorgeschriebenen Verfahrens zur Verfassungsänderung.

Dagegen:
Abzustellen bei der formellen Prüfung ist **allein auf das gewählte Verfahren**; zu fragen ist also, ob die Verfahrensvoraussetzungen für das Gewollte eingehalten sind. Zum Beispiel: Beschließt der Bundestag ein einfaches Gesetz, so ist dies nach den Verfahrensvorschriften der Art. 77, 78 zu prüfen, weil ein einfaches Gesetz gewollt ist. Die Form bestimmt das Verfahren.

Dafür:

Der Bundespräsident muss das Recht auch zur materiellen Prüfung haben, da er sich durch das Inkraftsetzen eines verfassungswidrigen Gesetzes der **Präsidentenanklage** gemäß Art. 61 I ausliefern könnte.

Dagegen:

Dies ist ein Zirkelschluss. Wenn der Bundespräsident kein Recht zur Prüfung hat, kann auch er nicht wegen Unterlassens der Prüfung zur Verantwortung gezogen werden.

Dafür:

Der **Amtseid** (Art. 56) verpflichtet den Bundespräsidenten auf die Gesamtheit der Verfassung, nicht nur auf formelle Vorschriften.

Dagegen:

Ebenso ein Zirkelschluss. Eine Verletzung des Amtseides kann nicht gegeben sein, wenn sich der Bundespräsident an seine Kompetenzen hält.

Dafür:

Diese Kompetenzen des Bundespräsidenten umfassen auch das materielle Prüfungsrecht. Ohne eine derartige Kompetenz wäre er nur eine "**Marionette**" des Parlaments.

Dagegen:

Der Bundespräsident erfüllt eine "**repräsentative Funktion**". Anders als in Frankreich wollte ihn der deutsche Verfassungsgeber mit wenigen eigenen Rechten ausstatten.

Dafür:

Die meisten Aufgaben des Bundespräsidenten mögen repräsentativ sein, aber er ist ein **oberstes Staatsorgan**. Außerdem zeigt das formelle Prüfungsrecht, dass es auch Ausnahmen gibt. Diese Ausnahme erstreckt sich auch auf das materielle Prüfungsrecht.

Dagegen:

Die Ausnahmen sind sehr begrenzt. Das zeigt sich bereits daran, dass der Bundespräsident eine viel schwächere Stellung als der Reichspräsident in der **Weimarer Reichsverfassung** (WRV) innehat. Unter der WRV war der Präsident "Hüter der Verfassung", heute übt das BVerfG diese Aufgabe aus.

Dafür:

Bei der Diskussion sollte man sich allein an das GG halten, da die WRV nicht mehr gilt und die Geltungsbereiche von GG und WRV auch unterschiedlich waren/sind.

Dagegen:

Halten wir uns also an das GG. Dort ist in Art. 82 I 1 nur von "nach den Vorschriften dieses GG zustande gekommenen Gesetze" die Rede. Das "**Zustandekommen**" wird in **Art. 78** definiert. Dort ist allein von verfahrensrechtlichen Voraussetzungen die Rede.

<u>Dafür:</u>
In Art. 82 I 1 wird auf "Vorschriften dieses GG" Bezug genommen. Dies können auch
materielle Vorschriften sein. Außerdem müssen die Worte "zustande gekommen" in Art.
82 I 1 **nicht zwingend die gleiche Bedeutung** wie in Art. 78 aufweisen.

<u>Dagegen:</u>
Ein materielles Prüfungsrecht würde eine **Normenkontrollkompetenz** darstellen, welche
aber nur dem BVerfG zusteht (Art. 93 I Nr. 2). Der Bundespräsident hat folglich nicht nur
keine eigene Kompetenz, er kann nicht einmal das BVerfG im Wege der abstrakten
Normenkontrolle anrufen, da er dort nicht antragsberechtigt ist (Art. 93 I Nr. 2 GG, § 76
BVerfGG).

<u>Dafür:</u>
Der Bundespräsident übt keine Normenkontrolle aus, er ist vielmehr **Bestandteil der
Rechtsetzung.** Eine Verweigerung des Bundespräsidenten verwirft nicht eine bestehende
Norm, sondern verhindert ihr Entstehen (bzw. Inkrafttreten).
Diese Verhinderung ist allerdings nicht endgültig, da der Bundestag gegen die Entscheidung
des Bundespräsidenten eine Organklage (Art. 93 I Nr. 1 GG, §§ 63ff. BVerfGG) anstrengen
kann.
Das BVerfG dagegen prüft die Verfassungsmäßigkeit des Gesetzes und erklärt dieses, bei
festgestellter Verfassungswidrigkeit, endgültig für nichtig. Folglich ist ein materielles
Prüfungsrecht nicht mit einer Normenkontrollkompetenz vergleichbar.

Fazit

Dass der Bundespräsident bei der Normenkontrolle nicht antragsberechtigt ist, zeigt, dass er
keine Möglichkeit hat, eine endgültige Klärung über die Verfassungsmäßigkeit eines Gesetzes
herbeizuführen.
Weigert sich der Bundespräsident, sehenden Auges an einem Verfassungsverstoß
mitzuwirken, könnte ihn sogar das BVerfG im Rahmen des Organstreits dazu verurteilen, das
Gesetz auszufertigen.

Dieses Ergebnis ist mit dem Ansehen des BVerfG als "Hüter der Verfassung" und den
Rechtsstaatsgedanken kaum zu vereinbaren. Deshalb ist das **materielle Prüfungsrecht zu
bejahen.** Dann kann das BVerfG den Bundespräsidenten auch nicht verurteilen, ein Gesetz
ohne Prüfung auszufertigen.

Übungsfälle im Internet, da hier nicht genug Platz war: **www.rauda-zenthoefer.de** *(unentgeltlich!)*

Wiederholungsfragen zum Bundespräsidenten

1. Wer ist das Staatsoberhaupt, wer der Regierungschef in der Bundesrepublik Deutschland?

   Staatsoberhaupt = Bundespräsident, Regierungschef = Bundeskanzlerin.

2. In welcher Stadt sitzt der Bundespräsident?

   Im schönen Berlin.

3. Welches Gremium wählt den Bundespräsidenten?

   Die Bundesversammlung (Art. 54).

4. Wer ist Mitglied dieses Gremiums?

   Alle Bundestagsabgeordneten und eine gleiche Zahl von Ländervertretern.

5. Wie oft tagt die Bundesversammlung?

   In der Regel alle fünf Jahre.

6. Kann der Bundespräsident wiedergewählt werden?

   Ja, einmal nach seiner Amtszeit; erneut, wenn zwischendurch ein anderer amtierte.

7. Darf der Bundespräsident Mitglied einer politischen Partei sein?

   Ja, aber er sollte seine Mitgliedschaft ruhen lassen, um unabhängig wirken zu können.

8. Wo ist die Gegenzeichnungspflicht im GG geregelt?

   In Art. 58, 1.

9. Wer zeichnet gegen?

   Bundeskanzlerin oder zuständiger Bundesminister.

10. Welche Repräsentation nach außen erfolgt durch den Bundespräsidenten?

    Er vertritt den Bund gemäß Art. 59 I völkerrechtlich.

11. Ernennt der Bundespräsident auch die Richter am BVerfG?

    Ja, alle Bundesrichter.

12. Wann darf er den Bundestag Auflösen?

    1. Wenn keine Wahl einer Kanzlerin erfolgreich erfolgt oder ein Kandidat nur eine relative Mehrheit erhält (Art. 63 IV).
    2. Wenn die Kanzlerin das Vertrauen des Parlaments verloren hat und die Kanzlerin die Auflösung des Bundestages vorschlägt (Art. 68 I).

13. Besitzt der Bundespräsident ein materielles Prüfungsrecht?

    Das ist ein weites Feld. Herrschende Ansicht = ja.

14. Wie alt muss jemand sein, bevor er Bundespräsident werden kann?

    Er muss das vierzigste Lebensjahr vollendet haben.

V. Bundesverfassungsgericht

Gemäß Art. 92 wird die rechtsprechende Gewalt durch das BVerfG, die Bundesgerichte und die Gerichte der Länder ausgeübt. Das BVerfG (mit Sitz in Karlsruhe) ist ein den obersten Verfassungsorganen des Bundes gegenüber unabhängiger **oberster Gerichtshof** und damit „Hüter der Verfassung".

Informationen und die komplette Rechtsprechung seit 2000 im Volltext (auch zitierfähig) unter
www.bundesverfassungsgericht.de
Die Postanschrift des Gerichts lautet: Schlossbezirk 3, Postfach 1771, 76131 Karlsruhe

1. Organisation des Verfassungsgerichts

Das Gericht besteht aus **zwei Senaten**, die verselbständigt sind, so dass sie auch als „Zwillingssenat" bezeichnet werden. Die Wahl der Richter erfolgt in den Ersten oder Zweiten Senat. Das BVerfGG weist jedem der Senate einen bestimmten Zuständigkeitsbereich ausschließlich zu. Jeder Senat ist mit acht Richtern besetzt.

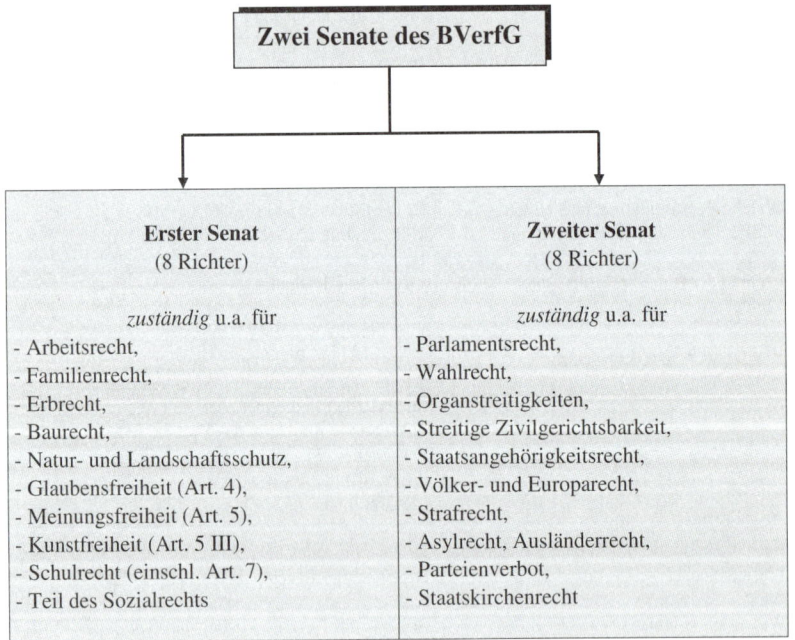

Zwei Senate des BVerfG

Erster Senat (8 Richter)	**Zweiter Senat** (8 Richter)
zuständig u.a. für	*zuständig* u.a. für
- Arbeitsrecht,	- Parlamentsrecht,
- Familienrecht,	- Wahlrecht,
- Erbrecht,	- Organstreitigkeiten,
- Baurecht,	- Streitige Zivilgerichtsbarkeit,
- Natur- und Landschaftsschutz,	- Staatsangehörigkeitsrecht,
- Glaubensfreiheit (Art. 4),	- Völker- und Europarecht,
- Meinungsfreiheit (Art. 5),	- Strafrecht,
- Kunstfreiheit (Art. 5 III),	- Asylrecht, Ausländerrecht,
- Schulrecht (einschl. Art. 7),	- Parteienverbot,
- Teil des Sozialrechts	- Staatskirchenrecht

2. Zuständigkeiten des BVerfG

Das BVerfG kann nur tätig werden, wenn es „angerufen" wird, d.h. wenn eine Beschwerde oder Klage eingeht. Dann prüft das BVerfG, ob es für die Klage zuständig und ob diese zulässig und begründet ist.

Der einfache Bürger kann das BVerfG nur im Rahmen der **Verfassungsbeschwerde** „anrufen". Das kann er tun, wenn er glaubt, dass eine Handlung oder Unterlassen der öffentlichen Gewalt ihn in seinen Grundrechten verletzt.

📖 Ausführliches zur Verfassungsbeschwerde im Band 19 „Grundrechte" der *Juristischen Grundkurse*.

Verfahren vor dem BVerfG (Auswahl) ohne Verfassungsbeschwerde				
Organstreit-verfahren	**abstrakte Normen-Kontrolle**	**konkrete Normen-kontrolle**	**Bund-Länder-Streit**	**Wahlprüfungs-verfahren**
Art. 93 I Nr. 1, § 13 Nr. 5, §§ 63ff. BVerfGG	Art. 93 I Nr. 2, § 13 Nr. 6, §§ 76ff. BVerfGG	Art. 100 I, § 13 Nr. 11, § 80ff. BVerfGG	Art. 93 I Nr. 3, § 13 Nr. 7, §§ 68ff. BVerfGG	Art. 41 II, § 13 Nr. 3, § 48 BVerfGG
Antragsteller: Bundespräsident, Bundestag, Bundesrat, Bundesregierung, Teile dieser Organe (also auch Abgeordnete usw.), Parteien	*Antragsteller:* Bundesregierung, Landesregierung, 1/3 der Mitglieder des Bundestags	*Antragsteller:* alle Gerichte	*Antragsteller:* Bundesregierung, Landesregierung	*Antragsteller:* 101 Wahlberechtigte, Fraktionen des Bundestages, 1/10 der Mitglieder des Bundestags
siehe Seite 28	siehe Seite 79	siehe Seite 94	siehe Seite 40	siehe Seite 20

3. Wahl der Verfassungsrichter

Art. 94 I bestimmt, dass die Mitglieder des Gerichts **je zur Hälfte** vom **Bundestag** und vom **Bundesrat** zu wählen sind. Die vom Bundestag zu wählenden Richter werden im „Wahlmännerausschuss", der aus 12 Abgeordneten aller Fraktionen besteht, gewählt. Es ist eine 2/3-Mehrheit erforderlich. Der Bundesrat wählt seine Richter im Plenum. Die Gewählten werden vom Bundespräsidenten ernannt.

Ein Teil des Gerichts soll sich aus den **Richtern an den obersten Gerichtshöfen** rekrutieren (Art. 94 I). Diese Bestimmung wird durch § 2 III BVerfGG dahin konkretisiert, dass drei Richter jedes Senats aus der Zahl der Richter an den obersten Gerichtshöfen des Bundes ausgewählt werden.

1. Senat

1	2	3	4	5	6	7	8

mindestens drei Bundesrichter | **Hochschullehrer, Parlamentarier, Anwälte etc.**

1	2	3	4	5	6	7	8

2. Senat

Gewählt werden kann, wer mindestens **40 Jahre alt** ist und die **Befähigung zum Richteramt** nach dem Deutschen Richtergesetz besitzt (§ 3 I, II BVerfGG). Mit ihrer Ernennung scheiden sie aus anderen Verfassungsorganen wie Bundestag, Bundesregierung, Bundesrat oder Landesregierungen aus. Eine andere berufliche Tätigkeit als die eines Hochschullehrers ist mit der richterlichen Tätigkeit unvereinbar (§ 3 IV BVerfGG).

Die **Amtszeit der Richter** beträgt **12 Jahre** (§ 4 I BVerfGG), eine anschließende oder spätere Wiederwahl ist ausgeschlossen. Sofern die Richter das 68. Lebensjahr vollendet haben, scheiden sie aus dem Amt aus, auch wenn die Amtszeit von 12 Jahren noch nicht abgelaufen ist.

Die Richter am BVerfG sind **Richter im Sinne des Art. 97**, also **unabhängig** und nur dem Gesetz unterworfen. Die Vorschriften des Deutschen Richtergesetzes gelten für die Richter am BVerfG jedoch nur insoweit, als sie mit der „besonderen Rechtsstellung dieser Richter" nach GG und BVerfGG vereinbar sind (§ 69 DRiG).

Die **bisherigen Präsidenten des BVerfG** waren:
Hermann Höpker-Aschoff (1951 – 54), Josef Wintrich (1954 – 58), Gebhard Müller (1959 – 71), Ernst Benda (1971 – 83), Wolfgang Zeidler (1983 – 87), Roman Herzog (1987 – 94) und Jutta Limbach (1994 – 2002), Hans-Jürgen Papier (2002 – 2010). Derzeitiger Präsident ist Andreas Voßkuhle (seit 2010; Amtszeit voraussichtlich bis 2020).

4. Die konkrete Normenkontrolle

Alle Richter deutscher Gerichte dürfen **prüfen**, ob ein von ihnen anzuwendendes Gesetz formell und materiell mit dem Grundgesetz **vereinbar** ist. Glaubt der Richter, dass dies nicht der Fall ist, darf er das Gesetz nicht aufgrund seiner vermeintlichen Nichtigkeit wegen unangewendet lassen, sondern muss es dem **BVerfG zur Entscheidung vorlegen**. Dies geschieht im Rahmen der konkreten Normenkontrolle.

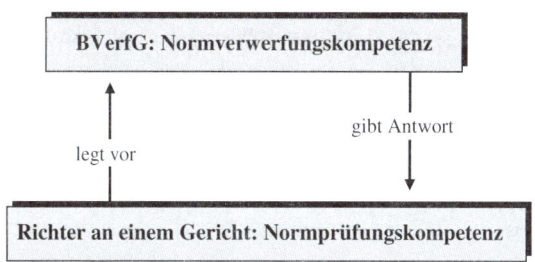

Die konkrete Normenkontrolle ist in Art. 100 I, § 13 Nr. 11, §§ 80ff. BVerfGG geregelt. Vorlegen darf ein Richter jedoch nur, wenn eine Überprüfung des BVerfG im konkreten Fall **entscheidungserheblich** ist. Das Gericht muss deshalb im Vorlagebeschluss darlegen, dass es bei Gültigkeit der Vorschrift zu einem anderen Ergebnis kommen würde als im Fall ihrer Ungültigkeit, und dieses Ergebnis begründen.

Weiterhin müsste das Gericht von der Nichtigkeit der Norm, also ihrer Verfassungswidrigkeit, **überzeugt** sein (Art. 100 I). Diese Überzeugung muss im Vorlagebeschluss begründet werden (§ 80 II BVerfGG).

Diese Regelung gilt nur für **förmliche Gesetze**. Bei Untergesetzesrecht (z.B. Verordnungen, Satzungen) bleibt die Prüfungs- *und* Verwerfungskompetenz in der Hand des entscheidenden Gerichts.

Die konkrete Normenkontrolle hat das Ziel, eine **Rechtszersplitterung** zu **vermeiden**. Außerdem soll vermieden werden, dass „der kleine Amtsrichter aus dem X-Dorf" ein förmliches, also vom Bundestag beschlossenes Gesetz, einfach mal für verfassungswidrig erklärt und infolgedessen nicht anwendet.

KONKRETE NORMENKONTROLLE

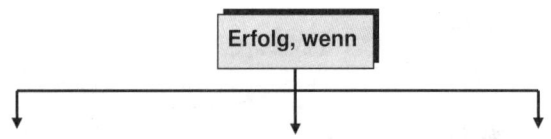

I. Zuständigkeit des BVerfG	II. Zulässigkeit	III. Begründetheit
Die Zuständigkeit des Bundesverfassungsgerichts ergibt sich aus Art. 100 I GG, § 13 Nr. 11, §§ 80 ff. BVerfGG.	1. **Vorlageberechtigung** (§ 80 I BVerfGG): alle deutschen Gerichte. 2. **Gegenstand des Verfahrens**: Formelle Gesetze (nicht Rechtsverordnungen oder Satzungen; diese können von den Fachgerichten selbst verworfen werden). 3. Gericht muss **überzeugt** sein von Nichtigkeit der Norm (Art. 100 I). 4. **Entscheidungserheblichkeit** (Art. 100 I): Entscheidung über Nichtigkeit der Norm ist erheblich für die Entscheidung des Gerichts im konkreten Fall. 5. **Form** (§§ 23 I, 80 II BVerfGG): Ordnungsgemäße Vorlagebegründung.	Begründet ist die Vorlage, wenn die Norm formell oder materiell verfassungswidrig ist *(identisch mit der Begründetheit der abstrakten Normenkontrolle):* 1. **Formelle Rechtmäßigkeit der Norm** a) Kompetenz der Rechtsetzung (z.B. durfte der Bundestag diese Norm überhaupt setzen? Kann er auf einen Kompetenztitel im GG verweisen?), Art. 70 ff. b) Verfahren, Art. 70 ff., 76, 78. 2. **Materielle Rechtmäßigkeit der Norm** Hier ist abzuwägen, ob die Norm materiell (also inhaltlich) mit der Verfassung bzw. die Landesnorm mit Bundesrecht / Verfassung vereinbar ist.

Übungsfall 9:

Die Richterin am Amtsgericht Potsdam, Julia Gerecht (G), hat über den Fall eines 22jährigen zu entscheiden, der seine seit 7 Monaten schwangere Freundin zu einer Abtreibung genötigt hat. Zu seiner Freundin hatte er gesagt: „Jetzt darf man schon abtreiben in Deutschland, dann musst Du das gefälligst auch tun, schließlich bin ich der Mann und sag, was Sache ist."

G sieht in solchen Äußerungen ihre schon lange gehegten Zweifel am neuen Abtreibungsrecht bestätigt. Sie hält den § 218 StGB für „ganz klar verfassungswidrig" und legt den Fall dem BVerfG vor.

Wird ihr Begehren Erfolg haben?

Falllösung

G könnte mit ihrem Begehren erfolgreich sein, wenn sie es dem richtigen Gericht vorlegt und dieses ihre Beschwer als zulässig und begründet betrachtet.

1. Zuständigkeit des BVerfG

Die Zuständigkeit des BVerfG ergibt sich aus Art. 100 I, § 13 Nr. 11, §§ 80ff. BVerfGG.

2. Zulässigkeit

a) Vorlageberechtigung: Zuerst müsste die Amtsrichterin G aus Potsdam vorlageberechtigt sein. Gemäß § 80 I BVerfGG sind alle deutschen Gerichte vorlageberechtigt. Potsdam liegt in Brandenburg und folglich in Deutschland. Somit ist das Amtsgericht vorlageberechtigt.

b) Gegenstand des Verfahrens: Gegenstand des Verfahrens müsste ein formelles Gesetz (Art. 100 I) sein. Das StGB stellt ein solches Gesetz dar, es ist keine Rechtsverordnung oder Satzung. Somit ist ein formelles Gesetz Gegenstand des Verfahrens.

c) Schließlich müsste das Amtsgericht von der Nichtigkeit des § 218 StGB **überzeugt** sein (Art. 100 I). G hält den § 218 StGB für „ganz klar verfassungswidrig". Somit ist sie von der Nichtigkeit des § 218 StGB überzeugt.

d) Entscheidungserheblichkeit: Auch müsste eine Entscheidung über die Nichtigkeit der Norm erheblich sein für die Entscheidung des Gerichts im konkreten Fall. Hier geht es um die Nötigung zu einer Abtreibung. Damit könnte der Straftatbestand der Nötigung (§ 240 I StGB) erfüllt sein. Nicht zur Entscheidung steht hier der Straftatbestand Abtreibung (§ 218 StGB). Folglich wäre eine Entscheidung des BVerfG nicht erheblich für die Entscheidung der Amtsrichterin G im konkreten Fall.

Ergebnis: Die konkrete Normenkontrolle ist also schon gar nicht zulässig.

*Auf die Prüfung der **Begründetheit** im Rahmen eines **Hilfsgutachtens** wurde aus Platzgründen verzichtet.*

§§§§§§§§§§§§§§§§§§§§§

Wiederholungsfragen zum BVerfG

1. In welcher Stadt sitzt das BVerfG?

Karlsruhe.

2. Wie viele Richter gehören jedem Senat, wie viele dem ganzen BVerfG an?

Acht je Senat und 16 insgesamt.

3. Wann kann das BVerfG nur tätig Werden?

Wenn es „angerufen", also eingeschaltet, wird. Nicht auf Eigeninitiative.

4. Welches sind die sechs wichtigsten Verfahrensarten vor dem BVerfG?

1. Verfassungsbeschwerde,
2. Organstreit (= Organklage),
3. abstrakte Normenkontrolle,
4. konkrete Normenkontrolle,
5. Bund-Länder-Streit,
6. Wahlprüfungsverfahren.

5. Wer wählt die Richter des BVerfG?

Je zur Hälfte der Bundestag (im Wahlmännerausschuss) und der Bundesrat (im Plenum).

6. Wie groß muss die Mehrheit zur Wahl eines Verfassungsrichters sein?

Zwei Drittel.

7. Wie viele Richter je Senat sollen Richter anderer Bundesgerichte sein?

Drei je Senat.

8. Darf ein Jurastudent Verfassungsrichter werden?

Nein, man braucht ein abgeschlossenes Jura-Studium (= Befähigung zum Richteramt), siehe § 3 I BVerfGG.

9. Darf der Kunststudent K (24), der eine Befähigung zum Richteramt bereits erworben hat, Verfassungsrichter werden?

Nein, Mindestalter ist 40 Jahre (§ 3 I BVerfGG).

10. Wie lange dauert die Amtszeit eines Verfassungsrichters?

Zwölf Jahre; kürzer, wenn man zuvor das 68. Lebensjahr vollendet.

4. Kapitel

Das Gesetzgebungsverfahren

Die Funktion eines Staates ist in erster Linie die Gesetzgebung. Wir müssen dabei zwei Gesetzesbegriffe unterscheiden:

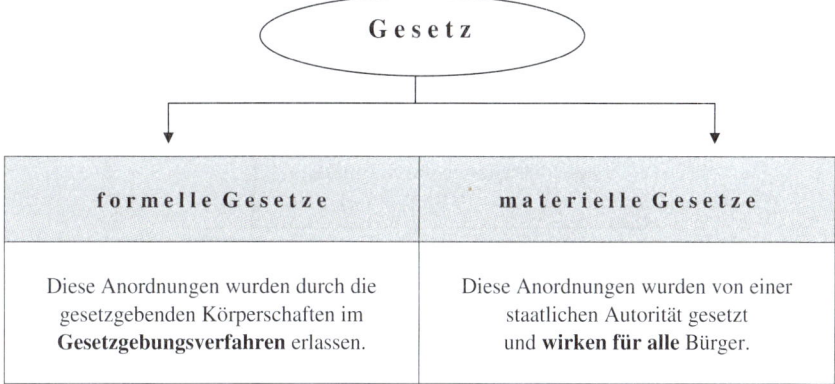

Die meisten Anordnungen sind Gesetze im formellen <u>und</u> materiellen Sinne!

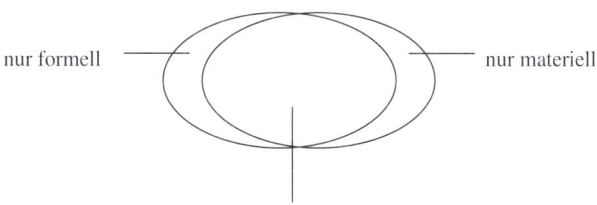

formell <u>und</u> materiell (die Regel!)

Das BGB und das StGB sind Gesetze im formellen und materiellen Sinne: Formell, weil sie in einem Gesetzgebungsverfahren beschlossen wurden; materiell, weil sie für alle verbindliches Recht setzen.

Ein **nur formelles** Gesetz ist der Haushaltsplan (Art. 110 II 1) oder die Zustimmung zu bestimmten völkerrechtlichen Verträgen (Art. 59 II 1). **Nur materielle** Gesetze sind Rechtsverordnungen, z.B. die Straßenverkehrsordnung (StVO): Sie wurde nicht im Gesetzgebungsverfahren, sondern von der Verwaltung beschlossen, setzt aber trotzdem Recht und wirkt damit materiell.

Das Gesetzgebungsverfahren, das für formelle Gesetze notwendig ist, wird in **Art. 76 – 78, 82** geregelt. Das Zustandekommen eines Gesetzes muss verfassungsgemäß erfolgen, andernfalls kann es vom BVerfG für nichtig erklärt werden. Folgende Stadien sind beim Gesetzgebungsverfahren zu unterscheiden:

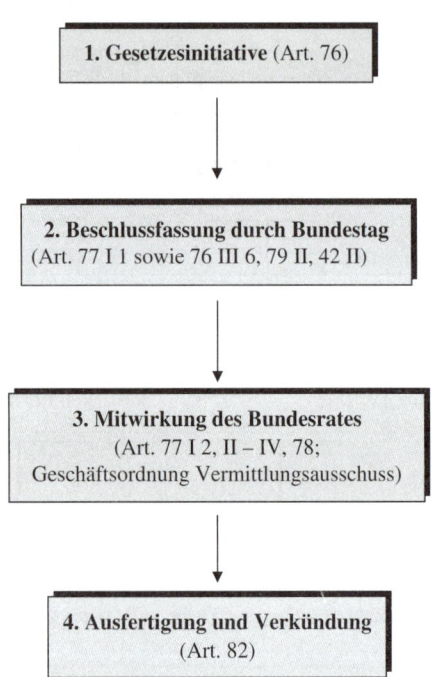

1. Gesetzesinitiative (Art. 76)

2. Beschlussfassung durch Bundestag
(Art. 77 I 1 sowie 76 III 6, 79 II, 42 II)

3. Mitwirkung des Bundesrates
(Art. 77 I 2, II – IV, 78;
Geschäftsordnung Vermittlungsausschuss)

4. Ausfertigung und Verkündung
(Art. 82)

Diesen vier Schritten geht ein **Gesetzentwurfs-Verfahren** voraus. Darin legt derjenige, der das Gesetz vorschlägt (z.B. die Bundesregierung), den materiellen Inhalt und die äußere Form fest.

Geregelt ist das Gesetzentwurfs-Verfahren für Gesetzesvorlagen der Bundesregierung in der Geschäftsordnung der Bundesregierung (GOBReg), für solche des Bundestages in der GOBT und für die des Bundesrates in der GOBRat.

I. Gesetzesinitiativrecht

In Art. 76 I wird ein Gesetzesinitiativrecht von **Bundesregierung**, **Bundesrat** und „aus der Mitte des Bundestages" anerkannt. „Mitte des Bundestages" bedeutet laut § 76 I GOBT eine Zahl von Abgeordneten, die mindestens die Stärke einer Fraktion erreichen (also 5 von Hundert).

Ist die Gesetzesvorlage von einer geringeren Anzahl von Abgeordneten unterzeichnet worden, führt dieser Mangel im Verfahren *nicht* zur Nichtigkeit des Gesetzes, wenn das Gesetz schließlich angenommen wird. Durch die Annahme wird dieser Formfehler geheilt.

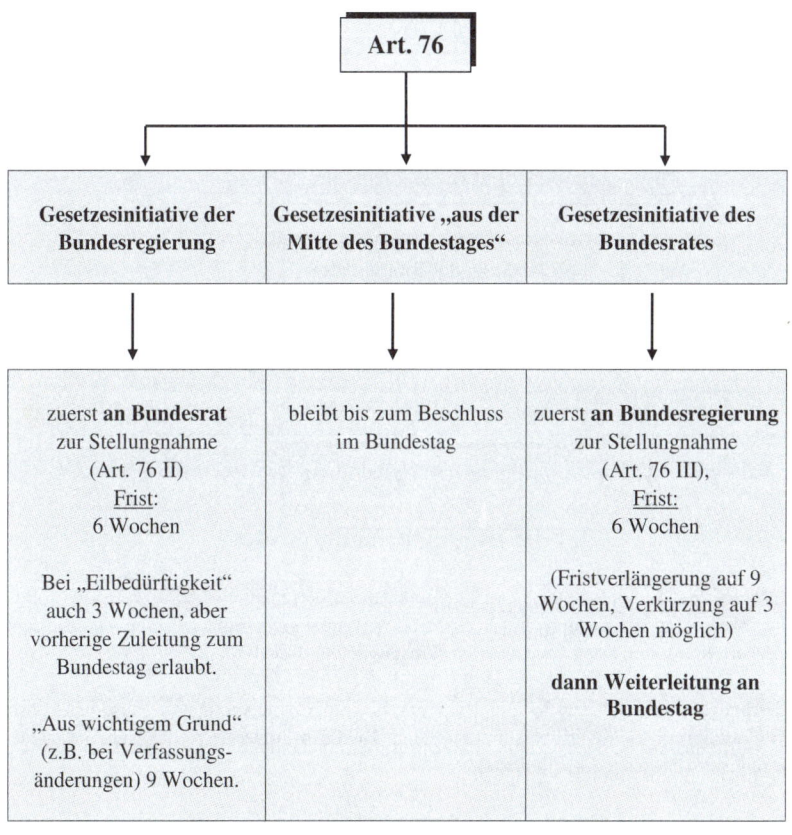

II. Beschlussfassung durch Bundestag

Einer Gesetzesinitiative folgt das Verfahren der Beschlussfassung durch Bundestag und Bundesrat.

Im **Bundestag** finden drei Beratungen oder „Lesungen" statt (§§ 78ff. GOBT).

In der **ersten Lesung** werden nur allgemeine Erklärungen abgegeben, die Gesetzesvorlage wird dann an die Ausschüsse weitergeleitet. Von entscheidender Bedeutung ist die **zweite Lesung**. Hier findet die Einzelberatung über das Gesetz statt, es wird auch darüber abgestimmt. Jeder Abgeordnete kann Änderungsanträge stellen. Die **dritte Lesung** hat nur deklarativen Charakter und wird oft mit der zweiten Lesung zusammengezogen. Die dritte Lesung endet mit der Schlussabstimmung.

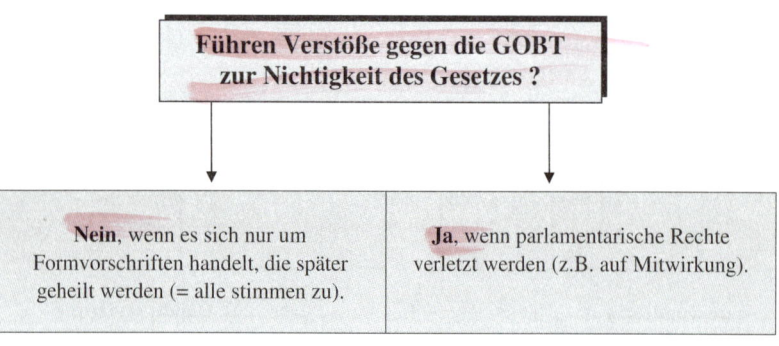

III. Mitwirkung des Bundesrates

Der Beschluss des Bundestages wird an den Bundesrat weitergeleitet (**Art. 77 I 2**). Hier folgt nun die Mitwirkung der Länderkammer an der Gesetzgebung. Zu unterscheiden sind für das weitere Verfahren zwei Arten von Gesetzen: Einspruchs- und Zustimmungsgesetze.

Bei **Einspruchsgesetzen** kann der Bundesrat nur Einspruch erheben. Dieser Einspruch kann vom Bundestag mit Mehrheit überstimmt werden. **Zustimmungsgesetze** dagegen verlangen vom Bundesrat eine ausdrückliche Billigung.

Welche Gesetzesvorlage verlangt nun die **Zustimmung** des Bundesrates? Grundsätzlich wird *keine* Zustimmung benötigt. Alle Ausnahmen sind im GG geregelt: Es sind **Verfassungsänderungen** (Art. 79 II), **Verwaltungsgesetze** (Art. 84 I, 85 I) und **Finanzgesetze** (Art. 104a II-V, 106 III-VI, 107 I u.a.).

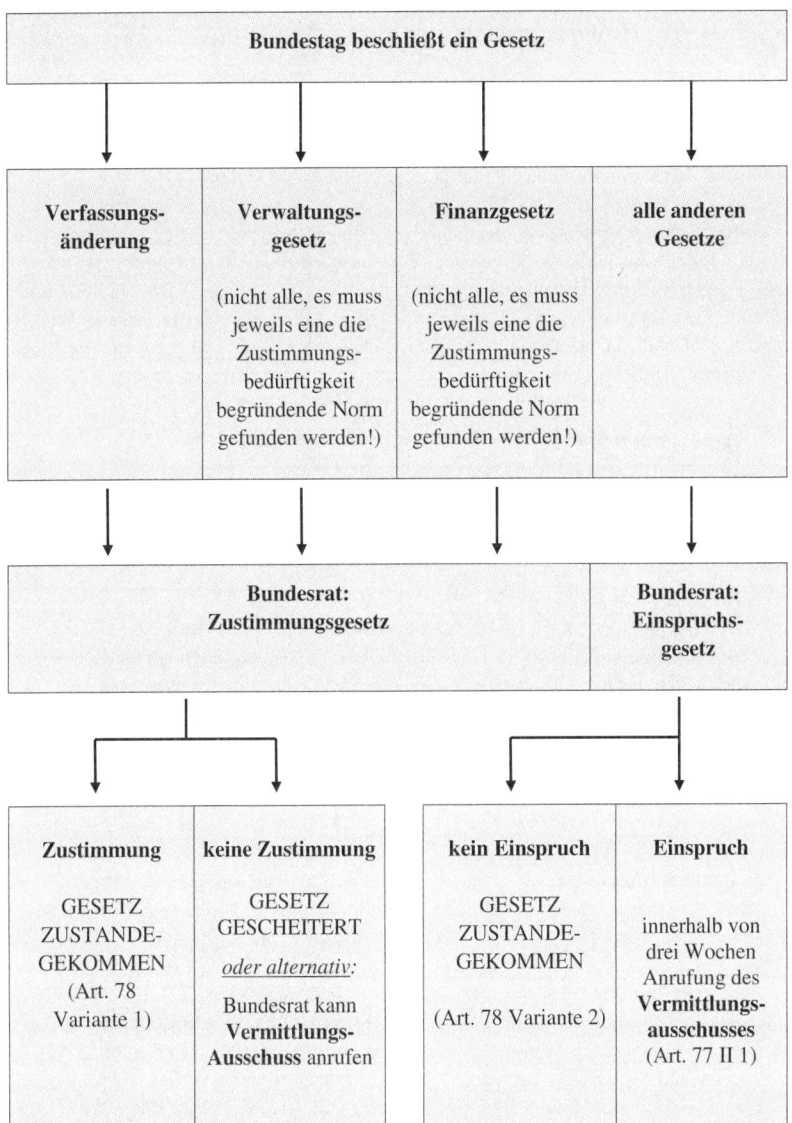

Der **Vermittlungsausschuss** wird gebildet aus Mitgliedern des Bundestages und des Bundesrates. Sein Ziel ist ein **einvernehmlicher Ausgleich** der unterschiedlichen Standpunkte. Der Vermittlungsausschuss kann auch eigene Änderungsvorschläge entwickeln. Er hat eine eigene Geschäftsordnung (GO VermA).

Fortsetzung von vorheriger Seite.

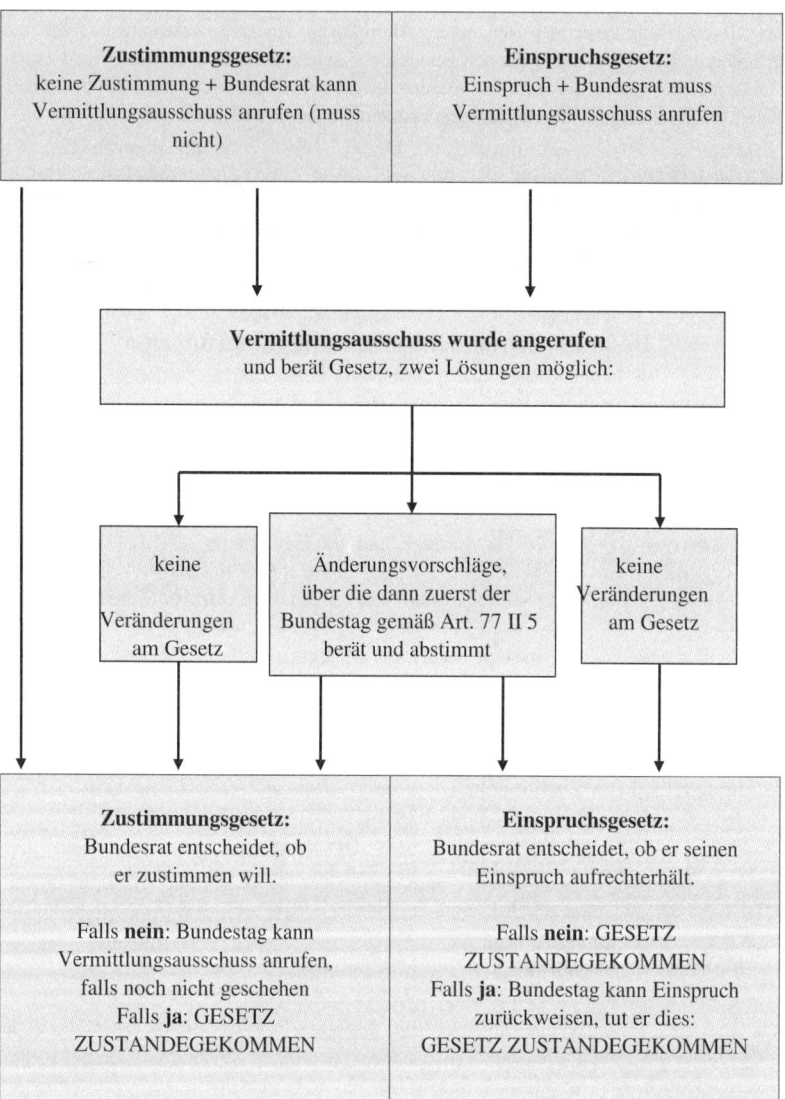

Zustimmungsgesetz:
keine Zustimmung + Bundesrat kann
Vermittlungsausschuss anrufen (muss
nicht)

Einspruchsgesetz:
Einspruch + Bundesrat muss
Vermittlungsausschuss anrufen

Vermittlungsausschuss wurde angerufen
und berät Gesetz, zwei Lösungen möglich:

keine
Veränderungen
am Gesetz

Änderungsvorschläge,
über die dann zuerst der
Bundestag gemäß Art. 77 II 5
berät und abstimmt

keine
Veränderungen
am Gesetz

Zustimmungsgesetz:
Bundesrat entscheidet, ob
er zustimmen will.

Falls **nein**: Bundestag kann
Vermittlungsausschuss anrufen,
falls noch nicht geschehen
Falls **ja**: GESETZ
ZUSTANDEGEKOMMEN

Einspruchsgesetz:
Bundesrat entscheidet, ob er seinen
Einspruch aufrechterhält.

Falls **nein**: GESETZ
ZUSTANDEGEKOMMEN
Falls **ja**: Bundestag kann Einspruch
zurückweisen, tut er dies:
GESETZ ZUSTANDEGEKOMMEN

IV. Ausfertigung und Verkündung

Ist das Gesetz nach einer der genannten Alternativen zustande gekommen, folgt die Ausfertigung und Verkündung durch den Bundespräsidenten (**Art. 82 I 1**). Dabei wird zuerst die Bundesregierung tätig: Ihr wird der Gesetzentwurf zur Gegenzeichnung nach Art. 58, 1 zugeleitet. Ist dies erfolgt, erhält der Bundespräsident die Gesetzesurkunde zurück.

Mit der **Ausfertigung** bescheinigt der Bundespräsident ein verfassungsgemäßes Gesetzgebungsverfahren und die Übereinstimmung des Gesetzestextes mit dem im Verfahren erarbeiteten Gesetzesinhalt. Mit der **Verkündung im Bundesgesetzblatt** wird das Verfahren abgeschlossen.

V. Besonderheiten bei Verfassungsänderungen

Verfassungsänderungen sind immer Zustimmungsgesetze. Zur Änderung des Grundgesetzes bedarf es einer **2/3-Mehrheit** in Bundestag und Bundesrat (Art. 79 II). Einige Grundprinzipien sind gemäß der **Ewigkeitsklausel in Art. 79 III** von einer **Änderung ausgeschlossen**:

a) Die **Gliederung des Bundes in Länder** und die Mitwirkung der Länder bei der Gesetzgebung. Damit wird die bundesstaatliche Ordnung (nicht der Bestand einzelner Länder) für unabänderlich erklärt. Den Ländern darf ihre Staatlichkeit nicht entzogen werden.

b) Die in Art. 1 geschützte **Menschenwürde**. Die Menschenwürde ist angetastet, wenn ein Mensch verdinglicht wird.

c) Die in Art. 20 genannten **Staatsstrukturprinzipien** Rechtsstaat, Demokratie, Republik, Bundesstaat und Sozialstaat.

> Konkretisiert wurden sie vom BVerfG im Begriff der „freiheitlich-demokratischen Grundordnung": Demokratisches Mehrheitsprinzip bei Minderheitenschutz und Chancengleichheit der politischen Bewegungen, Verantwortlichkeit der Regierung, Gesetzmäßigkeit der Verwaltung, Unabhängigkeit der Gerichte.

d) **Art. 79 III selbst** kann ebenfalls **nicht verändert** werden.

e) *Nicht* unter die Ewigkeitsklausel des Art. 79 III fällt das Widerstandsrecht in Art. 20 IV, da dieses erst später eingefügt wurde und der Gesetzgeber den Inhalt der Ewigkeitsklausel **weder einschränken noch erweitern** darf. Andernfalls könnte er den künftigen Gesetzgeber in unzulässiger Weise binden.

Übungsfall 10:

Die Bundesregierung hat schlechte Erfahrungen mit dem Bundesrat gemacht, der ihre Gesetzentwürfe ständig ablehnt. Deshalb möchte sie die Länder abschaffen. Sie bringt ein „Gesetz zur Neuordnung der Republik" in den Bundestag ein. Eine Beteiligung des Bundesrates sieht die Bundesregierung nicht als erforderlich an. Der Bundestag nimmt das Gesetz mit einfacher Mehrheit an.

Der Bundestagspräsident überreicht das Gesetz gleich dem Bundespräsidenten, da der Bundesrat „ja nun logischerweise – nach seiner Auflösung – nicht mehr mitwirken kann". Der Bundespräsident fertigt das Gesetz nach einer Gegenzeichnung der Bundeskanzlerin aus und verkündet es im Bundesgesetzblatt.

Welche Schritte im Verfahren sind nicht verfassungsgemäß?

Falllösung

Das Gesetzgebungsverfahren zum „Gesetz zur Neuordnung der Republik" könnte in verschiedenen Punkten verfassungswidrig sein.

Zuerst müsste die Bundesregierung bei einer Gesetzesinitiative ihren **Entwurf an den Bundesrat leiten** (Art. 76 II 1). Dies ist hier nicht geschehen. Folglich liegt ein Verstoß gegen die in Art. 76 II 1 garantierten Mitwirkungsrechte vor.

Weiterhin könnte die Zustimmung des Bundestages verfassungswidrig sein. Im vorliegenden Fall handelt es sich um eine Verfassungsänderung. Änderungen des GG bedürfen grundsätzlich einer **2/3-Mehrheit**. Eine einfache Mehrheit reicht nicht. Weiterhin sind einige Verfassungsänderungen aufgrund der **Ewigkeitsklausel** in Art. 79 III gänzlich ausgeschlossen. Darunter fällt auch die Gliederung des Bundes in Länder. Folglich kann der Bundestag aufgrund fehlender Kompetenz das „Gesetz zur Neuordnung der Republik" nicht beschließen.

Schließlich muss bei verfassungsändernden Gesetzen der **Bundesrat zustimmen** (Art. 79 II). Hier wird der Bundesrat umgangen. Folglich liegt auch hier ein Verfahrensverstoß vor.

Zuletzt könnte der **Bundespräsident** seine **Prüfungspflicht** verletzt haben. Aus seinem – unstreitig gegebenen – formellen Prüfungsrecht über Kompetenz und Verfahren resultiert auch eine formelle Prüfungspflicht. Dieser ist der Bundespräsident hier nicht nachgekommen.

Aus all diesen Gründen ist das „Gesetz zur Neuordnung der Republik" **verfassungswidrig** und nichtig.

§§§§§§§§§§§§§§§§§§§§§§§§§§

Wiederholungsfragen zum Gesetzgebungsverfahren

1. Wer kann Gesetzesinitiativen starten?

Bundesregierung, Bundesrat, die Mitte des Bundestages (Art. 76 I).

2. Wohin muss die Bundesregierung eine Vorlage zuerst leiten: zum Bundestag oder zum Bundesrat?

Zum Bundesrat (Art. 76 II 1).

3. Wohin muss der Bundesrat einen Gesetzesentwurf zuerst hinleiten?

Zur Bundesregierung (Art. 76 III 1).

4. Wie viele Beratungen (= Lesungen) erfolgen über ein Gesetz im Bundestag?

Drei (§§ 78ff. GOBT).

5. Was passiert zwischen der ersten und zweiten Lesung?

Der Gesetzesentwurf wird in den Ausschüssen beraten.

6. Wann findet die Schlussabstimmung statt?

Nach der dritten Lesung.

7. Führt die Nichtbeachtung der GOBT zur Verfassungswidrigkeit des Gesetzes?

Ja, wenn dadurch Mitwirkungsrechte eingeschränkt wurden.
Nein, wenn lediglich Formfehler vorliegen, die später geheilt werden.

8. Welche Gesetze sind in der Regel Zustimmungsgesetze?

1. Verfassungsänderungen,
2. Verwaltungsgesetze,
3. Finanzgesetze.

9. Wie ist der Vermittlungsausschuss besetzt?

Mit Vertretern aus Bund und Ländern zu gleichen Teilen. Die Bundesvertreter sind Abgeordnete des Bundestages.

10. Was kann der Bundestag tun, wenn der Bundesrat ein Einspruchsgesetz ablehnt?

Der Bundestag kann diesen Einspruch überstimmen.

11. Was geschieht mit einem Zustimmungsgesetz, dem der Bundesrat auch nach Anrufung des Vermittlungsausschusses nicht zustimmen will?

Es ist gescheitert.

12. Wer fertigt die Gesetze aus und verkündet sie im Bundesgesetzblatt?

Der Bundespräsident (Art. 82 I).

13. Wo steht die „Ewigkeitsklausel" des Grundgesetzes?

In Art. 79 III.

5. Kapitel

Die Europäische Union im Grundgesetz

Nach Art. 23 I 1 wirkt die Bundesrepublik Deutschland zur Verwirklichung eines vereinten Europas bei der Entwicklung der **Europäischen Union (EU)** mit. Es handelt sich hierbei um eine Staatszielbestimmung, die auf die europäische Integration gerichtet ist.

1957	**Römische Verträge,** offiziell: „Vertrag zur Gründung der Europäischen Gemeinschaft" **EGV** damit Gründung der Europäischen Wirtschaftsgemeinschaft EWG [jetzt Europäische Gemeinschaft EG], Annäherung der Wirtschaftspolitiken, freier Wirtschaftsraum mit vier Freiheiten: Warenverkehr, berufliche Freizügigkeit (Niederlassungsfreiheit), Dienstleistungs- und Kapitalverkehr.
1986	Einheitlich Europäische Akte (**EEA**), Mehr Mitsprachebefugnisse für das Europäische Parlament.
1992	**Maastricht-Vertrag,** offiziell: „Vertrag über die Europäische Union" **EUV** mit drei „Säulen": 1. Wirtschaftsgemeinschaft (EG, EAG, EGKS [inzwischen beendet]) Zollunion, Binnenmarkt, Agrar- und Strukturpolitik, Euro u.a., 2. Gemeinsame Außen- und Sicherheitspolitik (GASP), 3. Zusammenarbeit in der Innen- und Rechtspolitik.
1999	Der **Euro** ist die gemeinsame Währung. **2002** Bargeldeinführung. **2011** Diskussion um Zukunft des Euro-Raumes, insbesondere Griechenlands.
2003	**Vertrag von Nizza.** Die EU ist nun ein selbständiges Völkerrechtssubjekt mit eigener Rechtspersönlichkeit, vgl. Art. 24 VI EUV. Institutionelle Fragen: In der Kommission ist jeder Mitgliedstaat vertreten, im Rat werden die Stimmen neu gewichtet, im Europäischen Parlament sitzen nun 732 Abgeordnete (mit 99 Sitzen stellt Deutschland die meisten Parlamentarier).
2005	Die **Europäische Verfassung** wird zwar in fast allen Mitgliedstaaten angenommen. Da sie aber in zwei der 27 Mitgliedstaaten abgelehnt wird – Frankreich und Niederlande –, werden Referenden in drei weiteren Staaten verschoben, die Verfassung **scheitert vorerst insgesamt** (vgl. Seite 9).

Die **Europäische Union (EU)** ist folglich durch den Maastrichter Vertrag von 1992 geschaffen worden. Sie umfasst **drei Themengebiete**, auch „Säulen" genannt. Die EU ist seit dem Vertrag von Nizza rechtsfähig, da sie eigene Organe besitzt (umstritten).

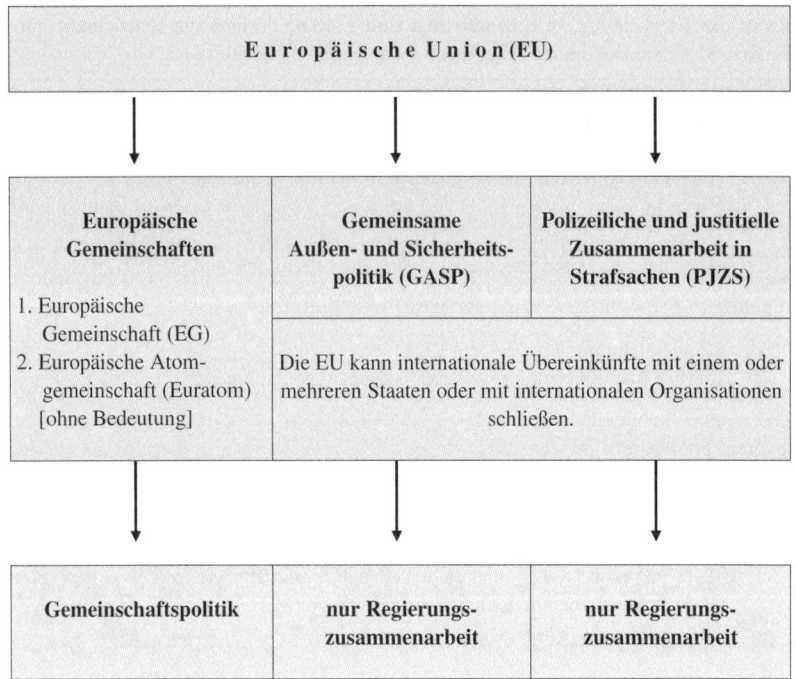

Die zwei „Europäischen Gemeinschaften" (erste Säule) stellen zwei **rechtsfähige** Zusammenschlüsse von Staaten dar. Dagegen handelt es sich bei der GASP und PJZS um eine nur mäßig formalisierte und im Maastrichter Vertrag geregelte Koordination und Kooperation unter den beteiligten Staaten.

Hinweis: Die Europäische Union mit ihrem Rat als Entscheidungsorgan ist **abzugrenzen** vom **Europarat**. Der Europarat mit Sitz in Straßburg wurde 1949 gegründet. Er verabschiedete 1950 die Europäische Konvention zum Schutz der Menschenrechte (EMRK = MRK). Wichtigstes Organ der EMRK (= MRK) ist der ebenfalls in Straßburg ansässige **Europäische Gerichtshof für Menschenrechte** (EGMR). Jede Person, die sich in den sich aus dieser Konvention ergebenden Grundrechten verletzt fühlt, kann nach Ausschöpfung des innerstaatlichen Rechtsweges den Gerichtshof anrufen. Mitglied des Europarats sind fast alle Staaten Europas, auch Russland (also auch viele Nicht-EU-Staaten!).

Im Folgenden interessieren nur die beiden „Europäischen Gemeinschaften" und dabei insbesondere die EG als Wirtschaftsgemeinschaft. Die **Organe der EG** sind gemäß Art. 7 EGV das Europäische Parlament, die Europäische Kommission, der Rat, der Europäische Gerichtshof (EuGH) sowie der Rechnungshof.

Warum ist das wichtig? Auf EG-Ebene wird **Recht gesetzt**, das auch in Deutschland gilt. Damit existiert neben dem Bundestag eine zweite Gesetzgebungsinstanz. Die Verfassung ermöglicht diese Übertragung von Hoheitsrechten in Art. 23 I 2.

Der EG-Vertrag stellt **primäres Gemeinschaftsrecht** dar. Die verantwortlichen Staats- und Regierungschefs der 27 Mitgliedstaaten haben diesen Vertrag unterzeichnet.

Wird dagegen von „weiteren Regelungen aus Brüssel" oder „neuen EG-Richtlinien" gesprochen, ist das **sekundäre Gemeinschaftsrecht** gemeint. Es besteht hauptsächlich aus Rechtsakten, die von den Organen der EG erlassen werden. Zu diesen Rechtsakten gehören Verordnungen (Art. 249 II EGV) und Richtlinien (Art. 249 III EGV).

Was ist der Unterschied von Verordnungen und Richtlinien? **Verordnungen** haben generell-abstrakte Geltung, sie sind daher die „Gesetze" der Gemeinschaft und in allen Teilen für die Mitgliedstaaten unmittelbar verbindlich. Verordnungen bewirken folglich eine Rechts*vereinheitlichung*.

Richtlinien dagegen sind nur bezüglich der von ihnen genannten Ziele für jeden Staat verbindlich und bis zu einer bestimmten Frist in nationales Recht **umzusetzen**. Mit welchen Mitteln und in welcher Form die Staaten diese Umsetzung erreichen, bleibt ihnen überlassen. Sie können z.B. zwischen Gesetz und Rechtsverordnung wählen. Eine Umsetzung durch eine Verwaltungsvorschrift oder Verwaltungspraxis (die sich naturgemäß beliebig ändern kann) ist nicht erlaubt. Richtlinien dienen der Rechts*angleichung*.

> Wird eine hinreichend bestimmte Richtlinie, die dem Einzelnen subjektive Rechte verleiht, nicht rechtzeitig umgesetzt, kann sich der Bürger vor Gericht **trotzdem auf sie berufen**. Dies ist auch schon einige Male im Bürger-Staat-Verhältnis geschehen. Besonders relevant sind diese Fälle, wenn der Staat für sein Handeln schadensersatzpflichtig wird. Dies wird ausführlich, mit den klausurrelevanten europarechtlichen Bezügen, im Juristischen Grundkurs Band 25, Staatshaftungsrecht, behandelt.

Die unrichtige und/oder verspätete Umsetzung einer Richtlinie stellt einen Verstoß gegen Art. 249 III EGV und damit eine Vertragsverletzung im Sinne von Art. 226 EGV dar.

Der Erlass von Verordnungen und Richtlinien gehört zu den praktisch bedeutsamsten Angelegenheiten der EU im Sinne des Art. 23 II 1. Innerhalb der Bundesrepublik müssen die Staatsorgane kooperieren. Eine Grundpflicht ist dabei die **Unterrichtung von Bundestag und Bundesrat durch die Bundesregierung** (Art. 23 II 2).

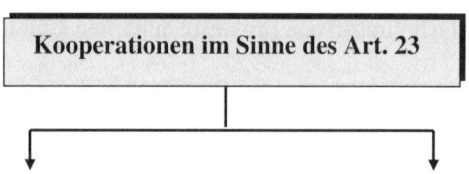

Kooperationen im Sinne des Art. 23

Kooperation von Bundesregierung und Bundestag	Kooperation von Bundesregierung und Bundesrat
Art. 23 III :	**Art. 23 IV – VI:**
Bundesregierung gibt vor ihrer Mitwirkung an Rechtsetzungsakten der EU dem Bundestag **Gelegenheit zur Stellungnahme.** Sie ist verpflichtet, diese Stellungnahme bei den Verhandlungen zu berücksichtigen, aber nicht daran gebunden.	Der Bundesrat ist an der Willensbildung des Bundes in Angelegenheiten der EU insoweit **zu beteiligen**, als er an einer entsprechenden innerstaatlichen Maßnahme mitzuwirken hätte oder die Länder zuständig wären. Der **Grad der Beteiligung** des Bundesrates hängt davon ab, in welchem Maße Länderkompetenzen berührt sind. 1. Keine Berührung = Stellungnahme des Bundesrates ist zu berücksichtigen. 2. Berührt Gesetzgebungsbefugnisse der Länder und die Einrichtung ihrer Behörden = Stellungnahme des Bundesrates ist maßgeblich zu berücksichtigen. 3. Berührt ausschließliche Gesetzgebungskompetenzen der Länder = Wahrnehmung der Rechte in der EU wird vom Bund auf einen Vertreter der Länder übertragen.

Wiederholungsfragen zur Europäischen Union

1. Wie viele Mitgliedsstaaten hat die Europäische Union?

27 (seit 1. Januar 2007).

2. Wann wurden die Römischen Verträge geschlossen?

1957.

3. Wie heißt der „Römische Vertrag" Offiziell?

Vertrag zur Gründung der Europäischen Gemeinschaft (EGV).

4. Auf welche drei Säulen basiert der EUV (Maastricht-Vertrag)?

1. Europäische Gemeinschaften,
2. Gemeinsame Außen- und Sicherheitspolitik (GASP),
3. Polizeiliche und justitielle Zusammenarbeit in Strafsachen (PJZS).

5. Was ist der Unterschied von primärem und sekundärem Recht?

Primärrecht sind die Gründungsverträge.
Sekundärrecht sind die Rechtsetzungsakte der EG.

6. In welcher Säule wird sekundäres Recht geschaffen?

In der ersten Säule der „Europäischen Gemeinschaften".

7. Kann in den beiden anderen Säulen auch europäisches Recht geschaffen werden?

Nein. Dort ist (nur) die Zusammenarbeit der Regierungen vereinbart.

8. Was sind Richtlinien und Verordnungen?

Sekundäres Recht der Europäischen Union.

9. Aus welcher GG-Norm erhält die EG das Recht, für Deutschland Recht zu setzen?

Art. 23 I 2.

10. Inwieweit muss der Bundestag bei der Mitwirkung der Bundesregierung an europäischen Rechtsetzungsakten beteiligt werden?

Der Bundestag kann eine Stellungnahme abgeben.

11. Wovon hängt es ab, in welchem Grad der Bundesrat beteiligt werden muss?

Das hängt davon ab, inwieweit Länderkompetenzen berührt sind.

6. Kapitel

Auswärtige Beziehungen

Nach Art. 32 I ist die „Pflege der Beziehungen zu auswärtigen Staaten Sache des Bundes". Diese Vorschrift ist eine Ausnahme zu dem Grundsatz in Art. 30, nachdem die Ausübung der staatlichen Befugnisse Sache der Länder ist.

Begründet wird die Bundeskompetenz mit dem Ziel einer einheitlichen Außenpolitik. Deutschland soll mit einer Stimme sprechen. Der Abschluss **völkerrechtlicher Verträge** gehört damit zur Zuständigkeit des Bundes.

Allerdings darf der Bund durch den Abschluss solcher Verträge nicht die bundesstaatliche Kompetenzverteilung übergehen. Deshalb wird das Eingehen von völkerrechtlichen Verpflichtungen in der Staatspraxis vom **Einverständnis der Länder** abhängig gemacht.

Über Sachkomplexe, die in die **Gesetzgebungszuständigkeit der Länder** fallen (z.B. Schule), können diese selbst Verträge mit auswärtigen Staaten schließen (Art. 32 III). Dazu ist allerdings die Zustimmung der Bundesregierung notwendig. Die Zustimmung kann verweigert werden, wenn sich einzelne Bundesländer in Gegensatz zur Außenpolitik des Bundes setzen.

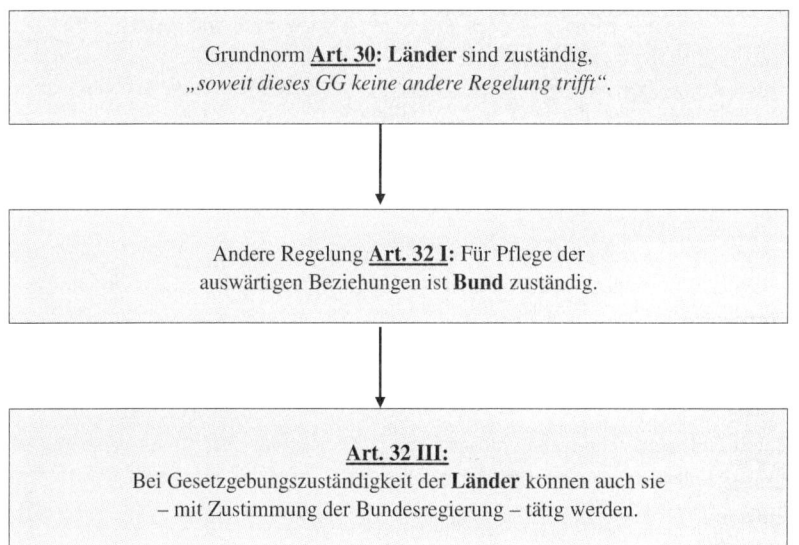

Grundnorm **Art. 30: Länder** sind zuständig,
„soweit dieses GG keine andere Regelung trifft".

Andere Regelung **Art. 32 I:** Für Pflege der
auswärtigen Beziehungen ist **Bund** zuständig.

Art. 32 III:
Bei Gesetzgebungszuständigkeit der **Länder** können auch sie
– mit Zustimmung der Bundesregierung – tätig werden.

Innerhalb des in der Regel zuständigen Bundes übernimmt nach Art. 59 I 1 der **Bundespräsident** die völkerrechtliche Vertretung des Bundes. Er schließt im Namen des Bundes die Verträge mit auswärtigen Staaten (Art. 59 I 2). Diese Regelungen dürfen aber nicht darüber hinwegtäuschen, dass der Schwerpunkt der Kompetenzen bei der **Bundesregierung** liegt (Art. 65). Innerhalb der Bundesregierung sind insbesondere die Minister für Auswärtige Angelegenheiten und wirtschaftliche Zusammenarbeit tätig.

Infolgedessen nimmt die Bundesregierung an internationalen Konferenzen teil und führt die Vertragsverhandlungen mit anderen Staaten. Sie kann auch Verträge mit **völkerrechtlicher Verbindlichkeit** abschließen.

Die Beteiligung von Bundestag und Bundesrat an solchen Verträgen regelt Art. 59 II, wobei zwischen Staatsverträgen und Verwaltungsabkommen unterschieden wird.

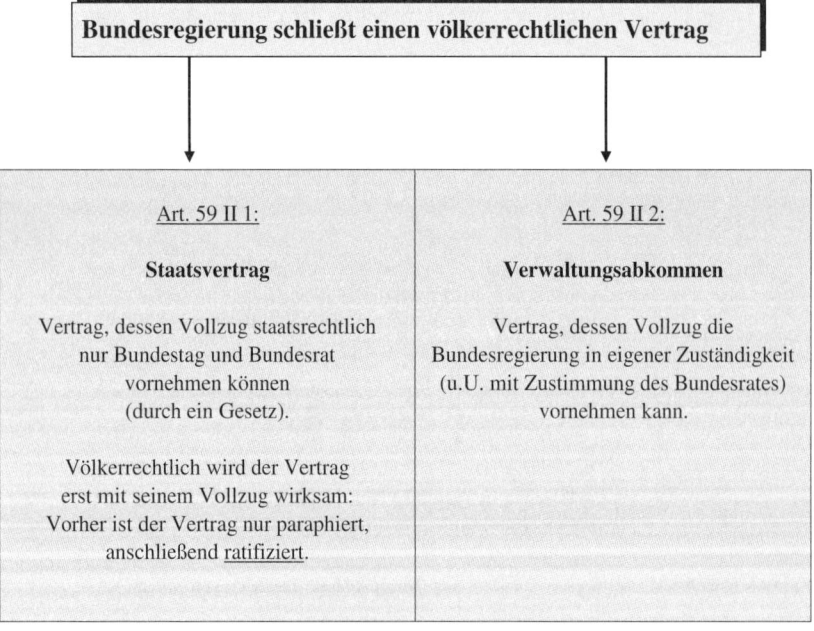

Bundesregierung schließt einen völkerrechtlichen Vertrag	
Art. 59 II 1: **Staatsvertrag** Vertrag, dessen Vollzug staatsrechtlich nur Bundestag und Bundesrat vornehmen können (durch ein Gesetz). Völkerrechtlich wird der Vertrag erst mit seinem Vollzug wirksam: Vorher ist der Vertrag nur paraphiert, anschließend <u>ratifiziert</u>.	**Art. 59 II 2:** **Verwaltungsabkommen** Vertrag, dessen Vollzug die Bundesregierung in eigener Zuständigkeit (u.U. mit Zustimmung des Bundesrates) vornehmen kann.

Der **Bundespräsident** fertigt das Vollzugsgesetz zum Staatsvertrag aus und verkündet es gemäß Art. 82 I.

Dabei besitzt er ein formelles und materielles Prüfungsrecht (siehe 3. Kapitel, IV. Abschnitt: „Bundespräsident"). Ein **politisches Prüfungsrecht** besitzt er allerdings nicht.

Der Bund kann gemäß Art. 24 II zur Wahrung des Friedens einem System gegenseitiger kollektiver Sicherheit beitreten. Dieser Schritt wurde mit dem Eintritt in die **NATO** 1955 getan. NATO steht für „North Atlantic Treaty Organization" (= Nordatlantik-Pakt) und ist ein militärisches und politisches Bündnis von 24 europäischen Staaten, den USA und Kanada.

Hauptanliegen der 1949 gegründeten NATO ist die **kollektive Selbstverteidigung**. Das BVerfG geht davon aus, dass die Bundesrepublik nach Art. 24 I Hoheitsrechte auf die NATO übertragen hat.

Die Bundesrepublik Deutschland wurde 1973, wie auch die DDR, Mitglied der **Vereinten Nationen** (UNO). Die UNO ist eine universale Organisation mit dem Ziel, den internationalen Frieden und die **internationale Zusammenarbeit** aufrechtzuerhalten und freundschaftliche Beziehungen unter den Nationen zu entwickeln.

Die UNO hat neben ihren Organen - Generalversammlung, Sicherheitsrat und Sekretariat (mit dem Generalsekretär) - in New York auch einen **Internationalen Gerichtshof** in Den Haag eingerichtet.

Wiederholungsfragen zu den Auswärtigen Beziehungen

1. Wem steht grundsätzlich das Recht der Pflege auswärtiger Beziehungen zu: Bund oder Ländern?

Dem Bund gemäß Art. 32 I.

2. Dürfen auch Länder völkerrechtliche Verträge abschließen?

Ja, soweit sie für die Gesetzgebung in einem Bereich zuständig sind, dürfen sie über diesen Komplex auch völkerrechtliche Verträge abschließen (Art. 32 III).

3. Warum ist dafür die Zustimmung des Bundes erforderlich?

Die Außenpolitik von Bund und Ländern soll sich nicht widersprechen.

4. Wann müssen Bundestag / Bundesrat beim Abschluss völkerrechtlicher Verträge durch die Bundesregierung eingeschaltet werden?

Wenn es sich um Staatsverträge handelt.

5. Was heißt NATO?

North Atlantic Treaty Organization.

6. Wann wurde die Bundesrepublik Mitglied der NATO?

1955 (damals ohne Brandenburg, Mecklenburg-Vorpommern, Saarland, Sachsen, Sachsen-Anhalt, Thüringen).

7. In welcher Stadt sitzt der Internationale Gerichtshof?

Den Haag (Niederlande).

7. Kapitel

Verfassungsschutz

I. Die wehrhafte Demokratie

Der Staat kann sich **gegen Angriffe**, die seinen Bestand gefährden, **verteidigen**. Die dafür eingesetzten Mittel sind ganz unterschiedlicher Natur. Sie richten sich nach Herkunft, Art und Stärke der Bedrohung.

Bedrohungen **von auswärtigen Staaten** werden durch diplomatische Konsultationen und, wenn diese nicht erfolgreich sind, mittels der Streitkräfte abgewehrt. Bedrohungen **von innen**, also durch die eigene **Bevölkerung**, werden durch Polizei und Strafjustiz abgewehrt (§§ 80ff. StGB: Staatsschutzdelikte).

In einem demokratischen Staat wie der Bundesrepublik Deutschland besteht **Meinungsfreiheit** (Art. 5 I). Toleranz gegenüber anderen Meinungen ist höchstes Gebot. Diese Toleranz endet aber bei Ansichten, die Toleranz anderen gegenüber nicht gewähren will. Wer z.B. die Verfassung abschaffen und stattdessen einen national-sozialistischen oder kommunistischen Staat erschaffen möchte, kann sich <u>nicht</u> auf die Meinungsfreiheit berufen.

Dies nennt man die „**wehrhafte Demokratie**".

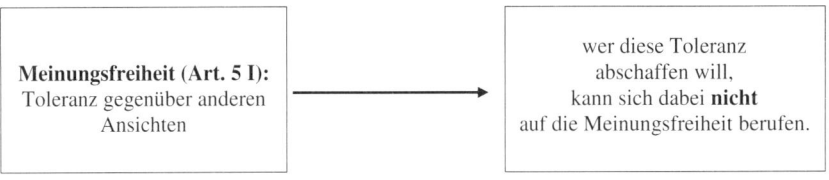

Mit dem Prinzip der „wehrhaften Demokratie" hatte man aus den Erfahrungen der **Weimarer Republik** gelernt. Dort beriefen sich insbesondere die Verfassungsfeinde auf die in der Verfassung garantierten Rechte, um dadurch die Verfassung aushöhlen zu können.

Grundgesetz im Spannungsfeld zwischen

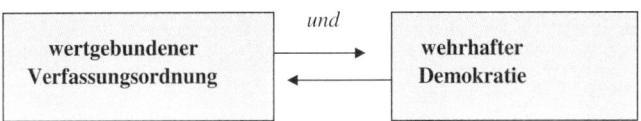

II. Abwehr verfassungsfeindlicher Bestrebungen

Das Grundgesetz kennt einige Vorschriften zur Abwehr verfassungsfeindlicher Bestrebungen. Sie sind über die gesamte Verfassung verteilt.

1. Grundrechtsverwirkung

Gemäß Art. 18 verwirkt jemand seine Grundrechte, wenn er sie zum **Kampf gegen die freiheitlich-demokratische Grundordnung** (zur Definition siehe 4. Kapitel, Abschnitt V.) missbraucht. Dies gilt für die sogenannten Kommunikationsgrundrechte (Art. 5, 8, 9), sowie für Grundrechte, die die materielle Basis für ein verfassungswidriges Verhalten bilden können (Art. 13, 14).
Eine Verwirkung und ihr Ausmaß können **nur durch das BVerfG festgestellt** werden. Geregelt sind die Einzelheiten in §§ 36ff. BVerfGG. Die Rechtsfolge der Verwirkung ist, dass sich der Betroffene auf das verwirkte Grundrecht nicht mehr berufen kann.

2. Vereinsverbot

Vereinigungen, die sich gegen die verfassungsmäßige Ordnung richten, sind gemäß Art. 9 II verboten. Dabei muss die zuständige Behörde in einem besonderen Verfahren die Verbotsvoraussetzung feststellen und eine Verbotsverfügung erlassen (§ 3 I VereinsG).

3. Parteiverbot

Für politische Parteien gilt die Verbotsregelung des Art. 21 II. Danach sind verfassungsfeindliche Parteien verfassungswidrig. Verfassungsfeindlich ist eine Partei, die nach ihren **Zielen** oder nach dem **Verhalten ihrer Anhänger** darauf ausgeht, die freiheitlich demokratische Grundordnung zu beeinträchtigen oder zu beseitigen. Außerdem müssen sie eine aggressiv-feindliche Haltung an den Tag legen. Über ein Parteiverbot hat das BVerfG zu entscheiden (§§ 43ff. BVerfGG).

Verfassungsfeindliche Bestrebungen und ihre Folgen

Person	Rechtsfolge	Grundlage im GG
Privatperson	Grundrechtsverwirkung	Art. 18
Verein	Vereinsverbot	Art. 9 II
Politische Partei	Parteiverbot	Art. 21 II

III. Nachrichtendienste

Seit 1950 existiert das „**Bundesamt für Verfassungsschutz**". Der Verfassungsschutz soll Erkenntnisse über verfassungsfeindliche Bestrebungen sammeln und auswerten. Dabei bezieht er seinen weitaus größten Teil aus öffentlich zugänglichen Quellen. Auch alle Bundesländer unterhalten einen Verfassungsschutz.

Das Bundesamt veröffentlicht jährlich einen **Verfassungsschutzbericht**. Diese Dokumentation enthält Informationen über Linksextremismus, Rechtsextremismus, Extremismus durch ausländische Gruppen wie das Terrornetz von Osama Bin Laden sowie durch die *Scientology*-Organisation.

Daneben existiert der „**Bundesnachrichtendienst**", der die nachrichtendienstliche Auslandsaufklärung betreibt, also für Spionage zuständig ist. Auf innenpolitischem Gebiet darf der BND nicht tätig werden.

Der „**Militärische Abschirmdienst**" (MAD) soll die Bundeswehr vor Aktionen verfassungsfeindlicher Kräfte und fremder Geheimdienste schützen und damit Spionage, Sabotage und eine Zersetzung der Wehrkraft verhindern.

Erkenntnisgewinnung über
verfassungsfeindliche Bestrebungen

Inland	Ausland	Bundeswehr
Verfassungsfeindliche Bestrebungen erkennen	Spionage	Schutz vor verfassungsfeindlichen Bestrebungen und Spionage
Bundesamt für Verfassungsschutz	Bundesnachrichtendienst	Militärischer Abschirmdienst

Wiederholungsfragen zum Verfassungsschutz

1.	Wer soll Bedrohungen durch ausländische Staaten abwehren?	Diplomatie und Streitkräfte.
2.	Wer soll verfassungsfeindliche Bestrebungen in der eigenen Bevölkerung unterbinden?	Polizei und Strafjustiz.
3.	Wo ist die Bestrafung von Staatsschutzdelikten geregelt?	Im StGB, §§ 80ff.
4.	Was heißt „wehrhafte Demokratie"?	Eine Demokratie, die Grundrechte gewährleistet (z.B. Meinungsfreiheit) kann sich zur Wehr setzen, wenn diese Grundrechte ausgehöhlt werden sollen.
5.	Was droht Einzelpersonen, wenn sie sich gegen die Verfassung engagieren?	Eine Grundrechtsverwirkung nach Art. 18.
6.	Wer darf diese Verwirkung nur aussprechen?	Das BVerfG.
7.	Womit müssen verfassungsfeindliche Vereine rechnen?	Mit einem Vereinsverbot nach Art. 9 II.
8.	Wann darf eine Partei, die nur verfassungsgemäße Ziele in ihrem Programm verfolgt, trotzdem verboten werden?	Wenn das Verhalten ihrer Anhänger darauf ausgeht, die freiheitlich-demokratische Grundordnung zu beeinträchtigen oder zu beseitigen oder den Bestand der BR Deutschland zu gefährden (Art. 21 II).
9.	Wer darf eine Partei nur verbieten?	Das BVerfG.
10.	Wo sind die Einzelheiten des Parteienverbots geregelt?	§§ 43ff. BVerfGG.
11.	Welcher Nachrichtendienst ist für verfassungsfeindliche Bestrebungen im Inland zuständig?	Verfassungsschutz.
12.	Und welcher kümmert sich um Spionage?	Bundesnachrichtendienst (BND).
13.	Was heißt MAD, wenn damit nicht eine Zeitschrift, sondern ein Geheimdienst gemeint ist?	Militärischer Abschirmdienst.

Anhang

I. Klausurrelevante Gesetze im Staatsrecht

Das Grundgesetz

Im Staatsrecht steht das **Grundgesetz** (= die Verfassung) im Mittelpunkt. Seit 1990 gilt es in ganz Deutschland, zuvor nur in den westlichen Bundesländern (im Saarland seit 1957).

Nach dem **Zweiten Weltkrieg** wurde Deutschland aufgeteilt: Die Gebiete östlich der Oder-Neiße-Linie wurden Polen und der Sowjetunion eingegliedert. Den restlichen Teil teilten die Alliierten in **vier Zonen**. Aus der amerikanischen, englischen und französischen Zone wurde später die Bundesrepublik, aus der sowjetischen Zone die DDR.

Auch **Berlin** wurde geteilt, in einen westlichen und einen östlichen Sektor. Der östliche Teil wurde Hauptstadt der DDR. Von August 1961 bis November 1989 teilte eine vom DDR-Regime errichtete **Mauer** die Stadt. Nach der **Wiedervereinigung** 1990 wurde Berlin Hauptstadt für ganz Deutschland, 1998 auch Regierungssitz.

Das Grundgesetz galt **nur im westlichen Teil** Deutschlands. Der erste Entwurf wurde durch einen Sachverständigenausschuss im August 1948 in Herrenchiemsee erarbeitet. Am 1.September des gleichen Jahres trat in Bonn der **Parlamentarische Rat** zusammen. Er hatte 65 von den Landtagen gewählte Mitglieder. Am 8. Mai 1949 wurde das Grundgesetz mit 53 gegen 12 Stimmen angenommen.

August 1948: Entwurf von Herrenchiemsee	**September 1948:** Parlamentarischer Rat stimmt für GG	**Mai 1949:** GG gilt in West-deutschland	**Oktober 1990:** GG gilt in ganz Deutschland

Die westlichen Besatzungsmächte genehmigten das Grundgesetz. Anschließend wurde das Grundgesetz von allen westdeutschen Ländern mit Ausnahme Bayerns angenommen. **Es trat am 24. Mai 1949 in Kraft.** Der Name „Grundgesetz" statt „Verfassung" wurde gewählt, um seinen provisorischen Charakter auszudrücken: In Ostdeutschland galt es nicht.

Eine Woche später verabschiedete der nach Einheitslisten durch offene Stimmabgabe gewählte Volkskongress die **Verfassung der DDR**. Die DDR entwickelte sich zu einem **Unrechtsstaat**. Meinungs- oder Reisefreiheit wurden stark eingeschränkt. Politische Opposition, freie Wahlen oder unabhängige Presse waren nicht erlaubt. Ein großangelegtes Spitzelsystem, die Staatssicherheit, horchte ihre eigenen Bürger aus.
Die Bürger der DDR bereiteten dem durch ihre **Revolution von 1989** ein Ende. Die Verfassung der DDR galt bis zur Auflösung zum 2.Oktober 1990.

Überblick über die deutsche Verfassung, das Grundgesetz

(Ziffern = GG-Artikel)

Menschenwürde 1, Verfassungsgrundsätze 20

unabänderlich gemäß 79 III

Grundrechte 2 - 19	Parteien 21	Europäische Union 23	Auswärtige Beziehungen 24 - 27, 32	Bund und Länder 28 – 37, 118, 118 a, 138, 142	Bundestag 38 - 49	Bundesrat 50 - 53	Bundespräsident 54 - 61	Bundesregierung 62 - 69
Gesetzgebung 70 - 82	Verwaltung 83 – 91, 143 a – b	Rechtsprechung 92 - 104	Finanzwesen 104 a – 115	Verteidigungsfall 115 a – 115 l	Begriff „Deutscher" 116	Fragen der Kriegsfolgen 117, 119 - 120, 123 – 135, 139	Staatskirchenrecht 140 – 141 i.V.m. Weimarer Reichsverfassung	Schlussvorschriften 121, 122, 136, 137, 143, 144 - 146

Bundesverfassungsgerichtsgesetz (BVerfGG)

Das BVerfGG regelt die prozessuale Seite von Streitigkeiten vor dem BVerfG. In § 13 (merken!) sind alle Zuständigkeiten aufgelistet. Ab § 36 werden die Verfahrensarten im einzelnen behandelt, darunter Verfassungsbeschwerde, Organstreitverfahren, abstrakte und konkrete Normenkontrolle.

 Klausurrelevanz: *Hoch relevant für alle Klausuren!*

In der Regel wird ein staatsrechtlicher Fall anhand eines Rechtsschutzverfahrens gelöst (z.B. Organstreit). Im BVerfGG wird die Zuständigkeit des BVerfG normiert. Außerdem finden sich dort die Zulässigkeitsvoraussetzungen.

Bundeswahlgesetz (BWG)

Im BWG werden u.a. das Wahlsystem, die Wahlorgane, das Wahlrecht und die Feststellung des Wahlergebnisses konkretisiert. Hier finden sich die gesetzlichen Grundlagen von 5 %-Klausel, Briefwahl, Aufstellung von Kandidaten, Erwerb und Verlust von Mitgliedschaften im Bundestag und anderes mehr.

 Klausurrelevanz: *wichtig*

Relevant in allen Fällen, in denen es um Wahlen und Wahlprüfungsverfahren geht. Achtung: Bei Europawahlen gilt das Europawahlgesetz!

Bundeswahlordnung (BWO)

In der BWO ist die konkrete Durchführung der Wahl geregelt. Hier findet sich also alles über Stimmzettel, Wahlräume, Wahlscheine, die Auszählung usw.

 Klausurrelevanz: *gering*

Wichtig aber in Fällen, in denen es um Unregelmäßigkeiten bei einer Wahl geht. Bei einer Wahlprüfung siehe auch das Wahlprüfungsgesetz!

Parteiengesetz (PartG)

Im Parteiengesetz wird die „Partei" definiert. Außerdem enthält es Vorschriften über die innere Ordnung der Parteien, die staatliche Finanzierung und den Vollzug des Verbots verfassungswidriger Parteien.

 Klausurrelevanz: *mäßig*

Nur bei Fällen, in denen politische Parteien eine Rolle spielen. Kennen muss man aber § 2 I – die Legaldefinition von Partei.

Geschäftsordnung des Bundestages (GOBT)

In der GOBT ist die innere Organisation des Bundestages geregelt. Stichworte sind: Präsidium, Fraktionen, Sitzungen, Ausschüsse, Interpellationsrechte. Aber auch die Regelungen über den Wehrbeauftragten sind hier zu finden.

 Klausurrelevanz: *hoch*

Besonders in Fällen über Untersuchungsausschüsse, Rechte von Fraktionen, Abstimmungen im Bundestag usw. ist die GOBT unerlässlich. Sich hier das Inhaltsverzeichnis durchzulesen, ist von Vorteil.

Geschäftsordnung des Bundesrates (GOBRat)

In der GOBRat findet sich die innere Struktur des Bundesrates.

 Klausurrelevanz: *gering*

Geschäftsordnung der Bundesregierung (GOBReg)

In der GOBReg finden sich Informationen zur Rechtsstellung der Bundeskanzlerin, zu den Bundesministern und zur Bundesregierung. Konkretisiert wird die Richtlinienkompetenz der Kanzlerin und das Ressortprinzip der Minister. Interessant ist z.B. § 13: „Jeder Bundesminister macht, bevor er den Sitz der Bundesregierung länger als 1 Tag verlässt, dem Bundeskanzler Mitteilung." Aha!

 Klausurrelevanz: *gering*

Äußert man sich zur Richtlinienkompetenz oder zum Ressortprinzip, sollte ein Blick in die GOBReg nicht fehlen.

Das **StaatsangehörigkeitsG** ist in Fällen über Staatsangehörigkeit relevant. In Fällen mit europarechtlichem Einschlag lohnt sich ein Blick in den **EGV** (siehe 5. Kapitel: Europäische Union). Das Brief-, Post- und Fernmeldegeheimnis kann durch das **G 10 – Gesetz** eingeschränkt werden. Über die Rechtsverhältnisse der Mitglieder des Bundestages klärt das **Abgeordnetengesetz** auf. Der **Einigungsvertrag** schließlich regelt die Fragen zur Einheit Deutschlands.

> ## Man muss nicht alle Gesetze kennen –
> ## man muss nur wissen, wozu es alles Gesetze gibt!

II. Übersicht: Staatssymbole

Staatssymbole sind nach *Klaus Stern* „sinnlich wahrnehmbare (hörbare oder sichtbare) Zeichen, die einen staatlichen oder nationalen Bezug von historischer oder gegenwärtiger Bedeutsamkeit besitzen".

Bundesflagge	Festgelegt in Art. 22.
Bundeswappen	Festgelegt aufgrund eines Beschlusses der Bundesregierung im Januar 1950.
Nationalhymne (Hoffmann von Fallersleben: Lied der Deutschen)	Festgelegt durch einen Briefwechsel zwischen Bundeskanzler *Adenauer* und Bundespräsident *Heuss* vom 29. April 1952 / 2. Mai 1952 mit der Maßgabe, nur die dritte Strophe zu singen. Zur Nationalhymne des vereinten Deutschlands festgelegt durch einen Briefwechsel zwischen Bundespräsident *von Weizsäcker* und Bundeskanzler *Kohl* vom 19. August 1991 / 23. August 1991.
Nationalfeiertag (3. Oktober)	Festgelegt im Einigungsvertrag (Art. 2 II).
Bundeshauptstadt Berlin	Festgelegt in Art. 22 GG (seit der Föderalismusreform 2006/2007).
Regierungssitz Berlin	Beschluss des Bundestages vom 20. Juni 1991.
Deutscher Michel	Festgelegt durch eine nationale Symbol-Kommission, die aus Vertretern der drei Staatsgewalten bestand: Ministerialdirigent *Dräcker* als Vertreter der Bundesregierung, der Abgeordnete *Mierscheid* für den Bundestag und als Vertreter des BVerfG Mitarbeiter *Nagelmann* (1. April 1956 in Frauenchiemsee).

III. Lektüre zum Weiterlesen

Rechtsphilosophie

Zenthöfer, Jochen: Rechtsphilosophie (144 Seiten). Über Platon, Aristoteles, Stoa, Thomas von Aquin, Martin Luther, Thomas Hobbes, John Locke, Samuel Pufendorf, Jean-Jacques Rousseau, Immanuel Kant, Georg Wilhelm Friedrich Hegel, Karl Marx, Karl Popper, Hans Kelsen, Herbert Hart, Ronald Dworkin, John Rawls, Niklas Luhmann, Friedrich August von Hayek und andere. Sowie systematische Überblicksartikel über: Vertragstheorien, Funktion von Recht, Strömungen der Rechtstheorie um 1900, Rechtspositivismus und Naturrechtslehre und Gerechtigkeit.

Erschienen im Richter-Verlag. Siehe auch www.zenthoefer.de

Grundrechte (Staatsrecht II)

Zenthöfer, Jochen: Staatsrecht II - Grundrechte (128 Seiten). Der Zwilling zu diesem Grundriss. Kompakter Überblick über die Verfassungsbeschwerde, die Prüfung von Freiheits- und Gleichheits-Grundrechten, die wichtigen Grundrechte wie Art. 1 (Würde), 2 (Allgemeine Handlungsfreiheit), 3 (Gleichheit), 4 (Religion), 5 (Meinung), 12 (Berufsfreiheit), 14 (Eigentum), usw.

Erschienen im Richter-Verlag. Siehe auch www.zenthoefer.de

Staatshaftungsrecht (Artikel 14)

Zenthöfer, Jochen: Staatshaftungsrecht (128 Seiten). Behandelt die Amtshaftung (Art. 34, § 839 BGB), Ansprüche aus Art. 14, enteignungsgleichen Eingriff, enteignenden Eingriff, Folgenbeseitigungsanspruch, Erstattungsansprüche und ähnliches. Dazu ein Abschnitt über Klausurentechnik im Verwaltungsrecht.

Erschienen im Richter-Verlag. Siehe auch www.zenthoefer.de

Lehrbücher / Kommentar

Bestes Lehrbuch: Prof. Dr. Rolf Schmidt „Staatsorganisationsrecht". Bester Kommentar: Michael Sachs „Grundgesetz". Grundlagenwerk ist das vorzügliche Handbuch des Staatsrechts von Josef Isensee und Paul Kirchhof (10 Bände, unterschiedliche Auflagen).

Fälle im Internet: **www.rauda-zenthoefer.de** *(unentgeltlich!)*

Index

Für Notizen